王哲　王蒙　谢玉玲◎编写

课本中的

化学家

KEBENZHONG DE HUAXUEJIA

农村读物出版社
CHINA RURAL READING PRESS
中国农业出版社
北京

化学家的"元素组成"应当是C_3H_3。即：Clear Head（清醒的头脑）+ Clever Hands（灵巧的双手）+ Clean Habits（洁净的习惯）。

——卢嘉锡

化学是不断发明和制造对人类更有用的新物质的科学。化学科学是现代科学技术发展的重要基础学科。

——徐光宪

化学引导着发现与创造，化学是最具有创新性的一个学科，化学是唯一的一个学科，一个领域，能够合成新的物质，稳定存在新的物质。化学是带来重大发明创造的学科，支撑了人类社会可持续发展，引领了科学与技术进步。

——白春礼

化学是一门最有用的、实用的科学，是能够为人类做好多事情的一门科学。从上天的航空，到生活方方面面，只有靠它解决，所以同学们一定要立志学好化学。

——赵玉芬

卢嘉锡 (1915—2001)，著名物理化学家、教育家、社会活动家。曾任中国科学院院长，第三世界科学院副院长。在结构化学、原子簇化学领域的研究卓有成就。

徐光宪 (1920—2015)，著名物理化学家、无机化学家、教育家，中国科学院院士。获 2008 年度"国家最高科学技术奖"。曾任国家自然科学基金委员会化学学部主任、亚洲化学联合会主席。被誉为"稀土之父"。

白春礼 (1953 年出生)，著名化学家，纳米科技专家。中国科学院院士、院长，兼任中国科学院大学校长，发展中国家科学院院长。中国扫描隧道显微学的开拓者之一。

赵玉芬 (1948 年出生)，著名有机化学家，中国科学院院士，俄罗斯国际科学院外籍院士。曾任清华大学生命科学与工程研究院副院长、厦门大学药学系主任。

■ 前 言

　　化学是在原子、分子水平上研究物质的组成、结构、性质、转化及其应用的一门基础学科，其特征是从微观层次认识物质，以符号形式描述物质，在不同层面创造物质。化学源于人们的生活和生产实践，并随着人类社会的进步而不断发展。

　　一般而言，化学发展史大致分为五个时期。

　　远古的工艺化学时期。人类的制陶、冶金、酿酒、染色等实践经验不断积累，化学知识还没有形成，是化学的萌芽时期。

　　公元前 1500 年到公元 1650 年为炼丹术和医药化学时期。欧洲文艺复兴时期，出版了一些有关化学的书籍，第一次有了"化学"这个名词。

　　从 1650 年到 1775 年为燃素化学时期。

　　近代化学时期以定量化学为主要特征。1775 年前后，拉瓦锡用定量化学实验阐述了燃烧的氧化学说，开创了定量化学时期。

　　20 世纪以来为现代化学时期，即各种科学相互渗透阶段。

　　自从有了人类，化学便与人类应运而生，钻木取火，用火取暖、烧煮食物、烧制陶器，冶炼青铜器和铁器等，都是化学技术在人类发展史上的重要应用，也成为人类进步的标志。

　　从石器时代到青铜器时代，再到铁器时代，人们学会了用陶土烧制陶瓷，用矿石冶炼金属，创造了光辉灿烂的古代文明。我国是四大发明古国之一，也是世界上发明陶瓷、冶金火药、造纸、酿造和印染等较早的国家，早在五百多年前，当时的化学还处于孕育和萌芽时期，明代科学家李时珍、宋应星运用朴素、丰富的化学知识和经验，为我们留下《本草纲目》《天工开物》等不朽之作。

17世纪中叶以后，化学开始走上了以科学实验为基础的发展道路，在之后的二百多年中逐渐形成了独立的学科体系。1661年英国化学家波义耳提出元素的概念，标志着近代化学的诞生；法国化学家拉瓦锡1774年提出燃烧的氧化学说，使近代化学获得了革命性的进展；1803年英国科学家道尔顿提出原子学说，为近代化学的发展奠定了坚实的基础；1811年意大利科学家阿伏伽德罗，提出分子学说，使人们对物质结构的认识发展到一个新的阶段；1869年俄国化学家门捷列夫发现元素周期律，使化学的研究变得高效便捷。

19世纪中叶至20世纪初，科学家们在前人研究基础上，以元素周期律、分子结构学说为指导不断深入探索，原子、分子结构的奥秘逐渐被揭开，从而使人们对物质及其变化本质的认识发生了飞跃，化学研究的领域和视野豁然开朗，逐渐从宏观走向微观，从静态进入动态，从分子内的原子排列发展到分子间的相互作用。而今，无机化学、有机化学、物理化学、分析化学和高分子化学等分支学科相继建立，化学的研究领域不断进行分化与综合，与其他学科相互交叉、相互渗透，化学已然成为自然科学领域中一门"中心的、实用的和创造性的"基础学科，在开发新资源、研制新材料、改善生存环境、促进人类健康等方面发挥着越来越重要的作用。

20世纪以来，在科学技术迅猛发展和社会不断进步的背景下，我国的化学基础研究和化学工业也获得了长足发展。1943年，侯德榜发明的联合制碱法，为我国的化学工业发展和技术创新做出了重要贡献；1965年，我国第一次用化学方法合成具有生物活性的蛋白质——结晶牛胰岛素；20世纪80年代，我国首次用人工方法，合成具有与天然分子相同化学结构和完整生物活性的核糖核酸，为人类揭开了生命的奥秘。20世纪70年代初，我国屠呦呦等科学家使用乙醚从中药中提取并用柱色谱分离，得到抗疟疾有效成分青蒿素，随后展开了对青蒿素的结构测定和相关医学研究。青蒿素作为治疗疟疾的有效药物，它的使用在全世界"拯救了几百万人的生命"。屠呦呦因成功提取青蒿素而获得2015年生理学或医学诺贝尔奖。

　　近几十年中，化学科学与技术的发展更加迅速，具有新特性和广阔应用前景的纳米晶体；高效低耗的新型催化剂；高吸水性树脂、高分子分离膜等更加功能化、智能化、精细化的现代高分子材料；具有良好性能的离子液体；研究在时间间隔短至约千万亿分之一秒（即1飞秒）内化学反应的过程和机理的飞秒化学；风靡全球的超分子化学等，化学相关研究在基础研究领域和社会经济发展中不断取得重大成果。

　　同学们，学习科学家的故事，了解科学家进行科学研究的历程，不仅让你增长化学知识，也会帮助你学会分析问题、解决问题的方法，获得从化学视角认识物质世界的能力，培养科学精神和社会责任。愿我们能沿着科学家的足迹开启一段探索物质世界的新旅程。

编　者

德谟克利特

Democritus

姓　　名：德谟克利特（Democritus）

出 生 地：希腊阿布德拉

生 卒 年：约公元前 460—前 370

主要贡献：原子论

主要著作：《宇宙大系统》《宇宙小系统》

■ 酷爱思考的"旅行家"

德谟克利特是古希腊著名的唯物论哲学家。大约在公元前 460 年，他出生于希腊北方色雷斯繁华的滨海城市阿布德拉的一个富商之家。此时的希腊正处于希波战争结束后商业兴旺、经济繁荣、科学学术活动蓬勃发展的时期。

德谟克利特有两个哥哥，他是家里最小的孩子，从小便很受宠爱，受到良好的教育。小时候，德谟克利特就表现出对自然科学以及一切知识的浓厚兴趣，在学习和研究的时候都非常专注。他经常独处在花园的一间小屋里看书，一看就是一整天，边学习边思考。有时，他会自己一个人去荒凉无人的地方，甚至是墓地，安静地思索一些问题，直到家人来寻找才回家。

据说，在德谟克利特成年之后，曾到各地游学，甚至向波斯术士和星象学家学习神学和天文学方面的知识。在当时，古希腊有一个米利都学派①，这个学派确信人们可以从各种各样的自然现象中追寻到某种更为本质的简单的东西。这个学派的重要人物就是留基伯②，而德谟克利特就是留基伯的学生之一。除了向留基伯学习之外，德谟克利特还去过

---

① 米利都学派（Miletus School），亦称爱奥尼亚学派（Ionian School）。古希腊前苏格拉底哲学的一个学派，由古希腊学者泰勒斯（Thales）创建。米利都学派主张理性思维，用观测的事实而不是神话来解释世界，并追寻万物的本源。该学派被誉为西方哲学的开创者。

② 留基伯（Leucippus，约前 500—约前 440），古希腊著名哲学家，原子论的奠基人之一。他提出的万物由原子构成的想法，深深影响了自己的学生德谟克利特。

雅典、埃及、巴比伦等当时的文明中心，学习哲学和科学。在埃及，他甚至逗留了好几年，去跟数学家学习几何知识，在尼罗河畔考察当地的灌溉系统。

德谟克利特的老师留基伯

多年以后，德谟克利特回到家乡时，已经具备了广博的学问和阅历，并担任了家乡城市的执政官。

随着年龄的增长，对未知世界充满探索精神的德谟克利特，越发感到现有的知识已经满足不了自己，他决定辞去公职，再次外出游历学习。此时，他的父母已经亡故，于是他就和两个哥哥分了家产，凑足了游学的费用。有了这笔钱，他又游历了更多的地方，他渡过地中海和红海，向南到达了现在的埃塞俄比亚一带，向东到了印度次大陆。在游学的过程中，他结识了更多的有识之士，知识更加渊博，而且思想的深刻和逻辑的严密也几乎是无人能及的。

但是，当他回到家乡，他却被人以"挥霍财产"的罪名告到了法庭。

原来，根据阿布德拉城的自然法，儿子在继承父辈的遗产后，有义务使遗产增值，而不能任意花费挥霍，否则就要受到惩罚——遗产继承者不仅要将剩余的财产交给别的亲属，而且还要落个"败家子"的坏名声，被逐出城外，甚至死后遗体都不能葬在家族的墓地里。而德谟克利特有一个贪财的亲戚，为了能够占有他的财产，便以"挥霍财产罪"，把他告上了法庭。

在审判过程中，德谟克利特为自己做了辩护："我的亲属说我花费父亲遗留下来的金钱，这是事实，但我从事的是研究关于整个宇宙的知识。"

在法庭上，德谟克利特首先指出：让自己完全受财富支配的人是永不能合乎公正的，对知识与真理的追求对于人是十分重要的。他表达了自己对知识与真理的渴望，然后回顾了自己游学世界各地的经历给自己带来的种种益处，并举例介绍了自己正在写作的一部著作——《宇宙大系统》，书中涉及了哲学、逻辑学、数学、宇宙学、物理学、生物学、心理学、伦理学、教育学、语义学以及艺术、技术和社会生活等各方面的学问，探讨了各种问题。最后，德谟克利特自豪地说：我的同辈人中，没有人比我的见识更多。

学识渊博、论辩思路清晰的德谟克利特以富有魅力的言语征服了现场的法官和民众，也征服了阿布德拉城。他在法庭上取得了完全的胜利，法官宣布他无罪。阿布德拉市政厅决定以五倍于他"挥霍"掉的财产数目——五百塔仑特的报酬奖赏他，并在他在世时就给他建立铜像。人们一致称赞他是最伟大、最聪明的哲学家，他的众多著作特别是《宇宙大系统》是一部有价值的著作。

■ 影响巨大的原子论

德谟克利特对后世科学发展影响巨大的就是他的原子说。原子论和柏拉图的理念论、亚里士多德的哲学体系合称为古希腊哲学的三大体系。在形态各异的大千世界一定存在着自然本原的简单的构成，一直是他的老师——古希腊伟大哲学家米利都学派的代表人物留基伯追寻的自然哲学的目标。

西方艺术作品中的德谟克利特形象

　　德谟克利特继承了老师的学说，他认为原子是最小的、不可再分的物质，原子从来就存在于虚空中，无始无终；虚空是原子运动的场所，原子是永远运动着的，原子和虚空构成宇宙万物。而他又进一步提出原子虽不可分，用肉眼不能观测到，但在体积、形状和位置排列等特征方面存在差异。他甚至认为，人们的认识是从事物中流射出来的原子形成的"影像"作用于人们的感官与心灵而产生的。可以说，原子论是由留基伯开创，由德谟克利特建立的。

　　原子论对后世的哲学和科学发展都产生过深刻的影响。这一学说，经过道尔顿等近代科学家的阐述与发扬光大，对现代物理与化学的发展奠定了坚实的基础。

德谟克利特因其快乐的人生观而被誉为"爱笑的哲学家",他坚信"不管在哪里,需求最少的人就是最富裕的人"。德谟克利特的一生都花在钻研学问上,他在哲学、物理、数学、天文、逻辑学、动植物、医学、心理学、教育学、伦理学、修辞学、军事、艺术等方面都多有造诣。据说他的著作涉及多达五十二个领域,可惜这些著作流传到今天的仅剩下残缺不全的几篇而已。

古罗马时期的哲学史家第欧根尼·拉尔修[①]曾在自己的书中惊叹,德谟克利特精通哲学的每一个领域。

马克思和恩格斯评价他是古希腊人中"第一个百科全书式的学者"。

古罗马政治家、法学家和哲学家西塞罗[②]在称赞德谟克利特时曾这样写道:"他的伟大,不仅在于其天才,更在于其精神,谁可与之比肩?"

这都足以说明德谟克利特在古希腊思想史上占有很重要的地位。

---

① 第欧根尼·拉尔修 (Diogenes Laertius,200—250),罗马帝国时代的古希腊哲学史家。以希腊文写作,编有古希腊哲学史料《名哲言行录》。

② 马尔库斯·图利乌斯·西塞罗 (Marcus Tullius Cicero,前 106—前 43),罗马共和时期著名政治家、演说家和法学家。曾担罗马共和国的执政官。

波义耳

Robert Boyle

姓　　名：罗伯特·波义耳（Robert Boyle）

出 生 地：爱尔兰利兹莫城

生 卒 年：1627—1691

主要贡献：提出"元素"概念，发明酸碱指示剂

主要著作：《怀疑派化学家》

17 世纪以前，化学还未形成独立的学科，它与古代炼金术、传统的燃素说乃至医药学紧紧纠缠在一起，充满神秘色彩和在今天看来是十分陈旧和错误的观念。而出生于 17 世纪爱尔兰的罗伯特·波义耳便是确立近代化学科学地位的重要人物。

■ 丰富多彩的童年生活

1627 年，波义耳出生于爱尔兰利兹莫城一个贵族家庭。他的父亲是个公爵，在他三岁时，母亲不幸去世。与自己骁勇善战的父兄不同，波义耳既是家里十四个兄弟姐妹中最小的，也是身体素质最差的。他常常生病，有一次患病时，因医生开错了药，使他险些丧命，这次遭遇在他心里留下了很深的阴影。也正是这个原因，他后来开始自修医学。在那个年代，医生都是自行配制药物，因而需要做大量实验，所以在自学医学的过程中，波义耳对化学实验产生了浓厚的兴趣。

童年的波义耳并不特别聪明，说话还有点口吃，不大喜欢热闹的游戏，但却十分好学，喜欢静静地读书思考。八岁时，他离开黑河谷中的巨大城堡，被父亲送到伦敦郊区的伊顿贵族学校①求学。在这里，他遇到了亨利·渥敦爵士，——这是一位对他一生有重要影响的老师。

渥敦爵士是一名优秀的外交家，知识渊博，阅历十分丰富。他同时拥有诗人、作家、艺术品鉴赏家等多个身份，晚年才回国担任了伊顿学校的老师。渥敦爵士十分喜欢这个热爱学习却不擅言谈的孩子，他带着

---

① 伊顿贵族学校，即伊顿公学（Eton College），国王亨利六世于 1440 年创办，是英国最著名的贵族中学。位于伦敦附近的温莎小镇，泰晤士河河畔，与温莎宫隔岸相望。

波义耳学习油画知识，鉴赏美丽的建筑，到哥特式教堂听风的声音。这一切引起波义耳极大的兴趣，他第一次欣喜地感受到大自然的无穷魅力。

1641 年，由于当时的英国内战①一触即发。父亲怕波义耳在战争中受到伤害，决定送他到欧洲大陆去学习。在欧洲大陆的五年时间，波义耳先后在法国、瑞士、意大利等多国学校读书。在意大利求学的时候，他拜读了伽利略②的名著《关于两大世界体系的对话》。阅读的过程中，他深受启发。伽利略对真理的追求和科学探索的精神对波义耳产生了深刻的影响，以至二十年后，他模仿这本书的风格，撰写出自己最重要的科学著作《怀疑派化学家》。

■ 酸碱指示剂的意外发现

1644 年，父亲病逝、哥哥阵亡。家庭突变，经济来源中断。波义耳重回祖国，回国后随姐姐迁居伦敦，并第一次参加了无形学院③的活动。无形学院是伦敦一批对科学感兴趣的人自发定期举行的聚会，对波

---

① 英国内战（English Civil War），指 1642 年 8 月—1651 年 9 月，英国议会派与保皇派之间发生的一系列武装冲突及政治斗争。也称清教徒革命。此事件对英国和整个欧洲影响巨大，马克思主义史学界称其为英国资产阶级革命，并作为世界近代史的开端（一般历史学家把文艺复兴作为世界近代史开端）。

② 伽利略·伽利雷（Galileo Galilei，1564—1642），意大利著名科学家、天文学家、物理学家。被称为"现代物理学之父""现代科学之父"。

③ 无形学院（Invisible College），由有着共同爱好和兴趣且平等自由地研讨科技学术问题的人士组成的非正式信息交流团体。一般认为，这一名称是波义耳在1646 年前后提出来的。波义耳参加的无形学院便是英国皇家学会的前身。

义耳的科学事业有重大影响。后来他想集中精力做一些科学实验，于是又迁往多塞特城堡——父亲留给他的封邑，在那里进行了长达八年的学习和科学实验，为他的科学事业奠定了坚实的基础。那里也是他人生的重要转折点，他邂逅了此生的挚爱——一位乡间医生的女儿爱丽丝。

婚后的一天，波义耳和爱丽丝在正在乡间散步，看到一位农夫在地上抓了一小把泥土放进自己的嘴里，波义耳很是诧异。爱丽丝解释道："这位农夫是在辨别土壤的酸碱性，土壤的酸碱性直接影响农作物的生长，有经验的农夫常用尝土的方法来辨别，但很多人也因此感染了疾病。亲爱的，请用你的才华来帮助辛苦的农夫吧。"

爱丽丝的善良打动了波义耳，为了满足爱人的愿望，他一头扎进实验室，希望能找出一种检测土壤酸碱性的方法，却始终没有进展。不久，爱丽丝因患肺结核撒手人寰，波义耳伤心欲绝，但心中始终萦绕着爱丽丝的愿望，坚持进行科学实验。

自从爱丽丝去世后，波义耳总是把一盆她最喜爱的紫罗兰花放在实验室内。一次实验中，他的助手向烧瓶里倒浓盐酸，一不小心洒到桌子上，刺鼻的气味瞬间弥漫了实验室。波义耳快步赶过去帮忙清理，却无意看到紫罗兰"冒烟"了。"太可惜了，这么漂亮的花沾上盐酸了。"波义耳说。他急忙用水去冲洗紫罗兰，此时他惊讶地发现：深紫色的紫罗兰花瓣变了颜色，被盐酸溅到的花瓣变成红色了！"紫罗兰怎么变色了呢？难道是盐酸的作用？"

波义耳忙把助手叫来："去把书房里那盆紫罗兰端过来，快点！"不一会儿，助手就端来了另一盆紫罗兰。波义耳在烧杯中倒入盐酸，将一整朵紫罗兰花浸入盐酸。花瓣逐渐地由深紫色变成浅红，最后完全变成红色了！"太奇妙了！"助手说。

波义耳也觉得很是奇妙，但是素有科学探索精神的他并未止步于此，而是陷入思考："盐酸可以使紫罗兰花瓣变红，那其他酸液可不可以呢？"他取出几只烧杯，分别倒入不同的酸液，再往杯里各放进一朵紫罗兰花，结果这些深紫色的花瓣都在酸液中变成了红色。"这么说，酸液能使紫罗兰由紫色变成红色。也就是说，我们可以用紫罗兰的花瓣来辨别一种溶液是不是酸液了！"波义耳为这个意外的发现兴奋不已。于是他又进一步思考："碱液是不是也能使紫罗兰改变颜色呢？"

波义耳又用碱液做了相同实验，发现碱液能使紫罗兰变成蓝色。看到这个发现，他高兴地与助手击掌庆祝："太好了，以后农夫用紫罗兰花瓣就可以检验土地的酸碱性了，再也不会因为用嘴尝而生病了。"助手说："可是紫罗兰花期很短，要是在没有紫罗兰花开的季节，这种鉴别方法就不能使用了。"

波义耳思考了许久说："我们可以试着把紫罗兰泡成浸液，这样就不受季节的限制了。"

除了把紫罗兰泡成浸液，波义耳又陆续发现很多种植物花瓣的浸出液在遇到酸性或碱性溶液时都会变色，石蕊中提取的紫色浸液变化最大，它遇酸液能变成红色，遇碱液则变成蓝色，这就是后来我们所熟知的酸碱指示剂。以后人们为了方便使用，就开始从地衣类植物中提取蓝色粉末状的石蕊色素，制成了化学常用的酸碱指示剂。

波义耳是位不容易满足的科学家，他觉得用浸液来鉴别溶液的酸碱性还是不够方便。于是他努力试验，终于找出了一个最简单易行的办法：用溶液把纸浸透，再把纸烘干。这样，带着溶液成分的纸片，就成了最早的酸碱指示剂。此后，要鉴别溶液的酸碱性质，可就容易多了。

实验过程中，波义耳还有了一个意外的发现，那就是五倍子水浸液和铁盐混合，能生成一种非沉淀的黑色溶液。这种黑色溶液的化学性质十分稳定，能够久不变色，后来人们把它当墨水来用，这种墨水几乎用了一个世纪。

▓ 不遗余力培养英才

乡下的生活虽很宁静，但对于波义耳来说，进行科学活动却很不方便，他非常想念无形学院的那些一起奋斗过的朋友们，于是在二十八岁时，他决定前往牛津继续丰富自己的阅历。

在当时，牛津是英国饱学之士的聚集地。波义耳暂时寄宿在牛津大学①附近一个药剂师家里，但没过多久他便建立了自己设备齐全的实验室，并聘用了一些助手。由于波义耳有大量实验的经历，很快他就成为牛津最受欢迎的学者。波义耳不仅自己很优秀，还培养了许多优秀的科学家，例如罗伯特·胡克②。

当时在牛津大学，人们经常看到教室外面有一个拿着扫把的人，在扫地时偷偷听教室里老师的讲课，这个人就是胡克。学生们当时觉得胡克打扰了他们学习，要把这个扫地的人赶走。波义耳制止了学生，并叫来了胡克，询问道："你为什么在这里偷听？"

"我因为家里太穷没钱供我读书受教育，就来大学扫地，这样我就能边扫地边听课。"

———————————

① 牛津大学（University of Oxford），简称"牛津"（Oxford），位于英国牛津。世界顶尖的公立研究型大学之一，英语国家中最古老的大学，也是世界上现存第二古老（仅次于意大利的博洛尼亚大学）的高等教育机构。具体建校时间已不可考，有明确记载的授课时间为 1096 年。采用书院联邦制，现有学院三十八所。近千年的校史中，培养了二十八位英国首相、数十位世界各国元首、六十九位诺贝尔奖得主以及众多的科学巨匠、艺术大师、著名作家、商界领袖。

② 罗伯特·胡克（Robert Hooke，1635—1703），又译虎克。英国科学家、博物学家、发明家。在物理学研究方面，有描述材料弹性的胡克定律。

波义耳听了胡克这一番话十分感动，特别欣赏他对知识的渴望，当场决定留下他，让他当自己的助手，然后问胡克："你能做什么呢？"

胡克认真地答道："只要您教我，我什么都可以做。而且我很善于手工制作，别人都叫我'机械怪手'，风车、磨坊……甚至有一些轮船我都会做。只要你能说出来的东西，我基本都会做。"

"真的吗？那你帮我做一部抽风机可以吗？"几天后，胡克真的给波义耳做出了抽风机。波义耳用它测量气体压力和体积，并印证了著名的"波义耳定律"。波义耳定律是第一个描述气体运动的数量公式，为气体量化研究和化学分析奠定了基础。

画家笔下的罗伯特·胡克

罗伯特·胡克后来也成为赫赫有名的科学家，他发现了形变与应力成正比的固体弹性定律，并制成了显微镜，由此人们可以观察到植物细胞。

在牛津，颇具魅力的波义耳一直是无形学院的核心人物，他的实验室也一度成为无形学院的集会活动场所。波义耳一直主张应正式成立一个促进实验科学的学术团体，因此，当1660年英国国王查理二世批准成立以促进自然科学知识为宗旨的英国皇家学会[①]时，虽然身在牛津的

————————

① 英国皇家学会（The Royal Society），全称是"伦敦皇家自然知识促进学会"，英国最高科学学术机构，是世界上历史最悠久且从未中断过的科学学会，在国际上享有盛誉。成立于1660年，英国皇家是学会的保护人。

波义耳没有成为该学会的第一批正式会员，但是大家都公认波义耳是皇家学会的发起人之一，并任命他为皇家学会的干事。直到今天，英国皇家学会仍然是世界上最具影响力的科学组织。

英国皇家学会

■ "把化学确立为科学"

探讨和确定自然界中各种物质的基本组成和结构是化学的根本任务，在化学史上，波义耳之所以被称为"化学之父"，主要是因为他提出了化学中一个最基本的概念——元素。

当时，化学界流行古元素学说：物质是由水、土、空气、火四要素组成的。这种学说影响了化学家一千多年，在这种学说指导下，化学家像炼金术士一样，埋头于用不同的物质进行冶炼。医药化学家们提出的硫、汞、盐三要素理论，也影响了化学的进步。波义耳对这些学说表示怀疑。他认为：这些学说认为的元素，并不一定是真正的元素，可能是一种物质，比如黄金就不含这些"元素"，也不能从黄金中分解出这些元素。可是,这些元素中的盐可以被分解。那么,问题来了,元素究竟是什么呢?波义耳提出:元素是不能用化学方法再进行分解的简单物质。

波义耳根据自己的实践和对众多资料的研究,主张化学研究的目的在于认识物体的本性,因此需要进行专门的实验去收集观察到的事实,使化学摆脱从属于炼金术或医药学的地位,发展成为一门专为探索自然界本质的独立科学。正如波义耳在《怀疑派化学家》中所指出那样:"化学到目前为止,还是认为只在制造医药和工业品方面具有价值。但是,我们所学的化学,绝不是医学或药学的婢女,也不应甘当工艺和冶金的奴仆,化学本身作为自然科学中的一部分,是探索宇宙奥秘的一个方面。化学,必须是为真理而追求真理的化学。"

他提出"某种物质是否能炼出金子,就是在于该物质是否含'金子'这一种本质,如果没有这种本质,也不会有金子"。这个本质就是组成物质的基本要素,他称之为"元素"。

在《怀疑派化学家》中,波义耳强调:"化学,为了完成其光荣而又庄严的使命,必须抛弃古代传统的思辨方法,而像物理学那样,立足于严密的实验基础之上。"波义耳认为,科学的美,就是用最简单的东西、最基本的原理,来阐述最复杂的现象。而波义耳的一生就是在实验室中不断观察,并不断思考中度过的,可以说,他把一生献给了科学事业,并为近代化学作为一门科学奠定了基础。因此,恩格斯说:"是波义耳把化学确立为科学。"

卡文迪许

Henry Cavendish

姓　　名：亨利·卡文迪许（Henry Cavendish）

出 生 地：萨丁尼亚王国尼斯

生 卒 年：1731—1810

主要贡献：证明水并非单质，预言稀有气体的存在卡文迪许是英国伟大的物理化学家，被后世誉为继牛顿之后的英国历史上最伟大的科学家之一。

■ 性格孤僻、不擅交际的科学家

在世界著名的科学家中，英国的卡文迪许也许是最具孤僻性格的一位了。

日常生活中，他沉默寡言，非常不善于与他人打交道，甚至几乎不敢与陌生人和异性交谈。就连与自己聘来的管家沟通，有时也只是通过传纸条等方式来进行。他平时也出席一些皇家学会的交流会，以便了解最新的科学研究动态，但每次他都是坐在一个角落里。卡文迪许内向腼腆的程度是圈子里人所共知的，因此人们尽量不去靠近那个坐在角落里的人，以避免尴尬。即便卡文迪许在发言时，人们也要装作没有听见他说的话，这样才能听到他的一些高见。但有一次，一位远道从奥地利来的科学家，因不知内情，当面称赞卡文迪许所取得的成就。卡文迪许听后忸怩异常，不知所措，竟直接从座位起身，走出房间，坐上马车走了，搞得在场的众人面面相觑。

卡文迪许家境殷实，但他常年只穿着一件褪了色的天鹅绒大衣，戴着过时的三角帽。他对自己的财产完全不管不问，一门心思都在科研实验中。如果他的财产顾问与他商量理财的事情，他会极不耐烦，甚至威胁说："不要拿这些琐事来烦我，否则我就解雇你！"卡文迪许对财产缺少基本概念，有一次，他的仆人说起自己的家庭如何困难，他竟一下子给了仆人一万英镑！

卡文迪许享年七十九岁，终身未娶。而在他近五十年的科学经历中，没有出版一本著作，公开发表的论文也不足二十篇。除了一篇在

1771 年发表的论文是理论探讨性的，其余的论文都是实验性和观察性的内容。卡文迪许在化学及物理方面的成就，许多都是在他 1810 年逝世的几十年后，人们才在他的手稿和实验笔记中发现的。

卡文迪许就是科学界的怪咖[①]。

卡文迪许这样一种性格的养成，显然是与他的出身和遭遇相关的。

■ 最富有的学者，最博学的富豪

1731 年，卡文迪许诞生在英国的一个贵族家庭，他的父亲查尔斯是德文郡公爵二世最小的儿子，母亲则是肯特公爵一世亨利·格雷的女儿。

然而有着显赫家庭背景的卡文迪许也有着自己的不幸。未满两岁时，他的母亲就因病去世，在他记忆里，妈妈的身影几乎是不存在的，当然更谈不上享受家庭的温暖和母亲的关怀。父亲忙于自己的工作和交际，也无暇给予他足够的关怀。但值得庆幸的是父亲作为英国皇家学会的会员，崇尚科学的家庭氛围始终熏陶着年幼的卡文迪许。

在以优秀和严格著称的哈克尼学院学习毕业后，十八岁的卡文迪许又考入了剑桥大学[②]的彼得学院。不过，卡文迪许并没有获得剑桥大学

---

① 怪咖，台湾俚语，"咖"是指"角"，即"角色"。怪咖有"怪胎""另类""怪人"的意思，通常指脾气很古怪，有怪癖行为的人。

② 剑桥大学（University of Cambridge），坐落于英国剑桥。是世界顶尖的公立研究型大学之一，也是英语国家中第二古老的大学。1209 年由一批为抗议一场谋杀案的判决而从牛津大学出走的教师所建立。采用书院联邦制，现有三十一所学院。建校八百多年，培养了十五位英国首相、一百一十八位诺贝尔奖得主（仅次于美国哈佛大学）及众多的著名科学家、哲学家、学者。

的学位证书。据说，在临近毕业考试的前夕，为了表达对考试中神学题目的不满，他选择了退学。

在剑桥大学肄业后，卡文迪许便追随父亲出入英国皇家学会的实验室，开始了自己的独立研究。

卡文迪许最早研究的是化学领域。

他取得了一系列重大发现——其中，他是分离氢的第一人，把氢和氧化合成水的第一人，也是最早发现稀有气体的人。

卡文迪许于 1781 年采用铁与稀硫酸反应而首先制得"可燃空气"（即氢气），当时对于这种反应生成的气体还没有普遍的认识，罗伯特·波义耳统称所有的生成气体为"人工空气"。但卡文迪许却不认同，他坚持认为这就是一种新的物质。于是，他便用现在最常用的排水集气法，收集到了氢气。经过干燥和纯化处理后，他成功测定了氢气的密度。后来，他将氢气与空气混合后，用电火花引发反应。从而发现了氢气能消耗掉五分之一的空气，明确氢气与氧气的消耗比约为 2.02∶1。

1783 年，卡文迪许发现了水是由氢和氧两种元素组成的，并确定了空气中氧、氮的含量，证明水不是元素而是化合物。要知道在此前，所有的研究者都把水看成元素，他的这项研究的确是很不简单的。1786年，他还推测大气中还有一种未知的气体存在，那就是稀有气体。通过电火花氧化寻常空气和氧气混合体的实验，他发现一部分浊气并不能氧化而被吸收。但是这个重要的发现却一直被化学家所忽略，直到一百多年以后才得到证实。

1767 年，卡文迪许发表论文介绍了他关于水和固定空气的实验。将一个深水井的井水进行煮沸，发现有固定空气逸出，同时产生白色沉淀。他认为白色沉淀和固定空气原先都是溶于水的，它们可能是溶于水中的石灰质土。为了证明这一看法，他在清澈的石灰水中通入固定空气，开始时产生乳白色沉淀，继续通入固定空气后，沉淀复又溶解，溶液再次澄清透亮。这时他将这溶液煮沸，溶液立刻就像井水那样释放出固定空气（二氧化碳）并产生白色沉淀。卡文迪许的这一实验和他的解释使人们弄清了喀斯特地貌和钟乳石等自然现象形成的原因。在遍布石灰岩的地区，雨水或泉水流经石灰岩地层，雨水或泉水中的二氧化碳会慢慢地溶解部分石灰石形成重碳酸盐溶液。这些溶液在石岩中缓慢下滴时，可能因温度变化或水汽蒸发，二氧化碳乘机逸去，碳酸钙结晶析出，日积月累，逐渐形成了石钟、石乳、石笋等奇特的景象。卡文迪许的实验为喀斯特地形的形成提供了科学的依据。

1760 年卡文迪许被选为英国皇家学会成员，1803 年又被选为法国科学院①的十八名外籍会员之一。

卡文迪许还完成了许多的电化学的研究工作。例如，他最早提出电荷之间的相互作用力应该和它们的距离呈反比，后来法国科学家库仑②验证了这一现象，这就是我们现在所知的库仑定律。另外，他还第一个提出了电势的概念。卡文迪许发现每个带电体的周围都有"电气"，并且带电物体相互接近时，它们所带的电荷分布会发生改变。这些与法拉第电场理论实验"电容器的电容取决于两个极板之间的物质"非常接近。卡文迪许还指出了电势和电流的正比关系，这和现在物理课本中学习到的欧姆定律已非常类似。

法国科学家毕奥③曾说："卡文迪许是有学问的人中最富有的，也很有可能是富有的人中最有学问的。"

---

① 法国科学院，1635 年由法国首相黎塞留创立。1699 年由法国王室赞助下，改用现名并迁往卢浮宫。1793 年法国大革命时期，国民公会取缔科学院和其他王室学会。1816 年恢复原名，成为法兰西学院的五个组成机构之一。

② 查利·奥古斯丁·库仑（Charles-Augustin de Coulomb，1736—1806），法国工程师、物理学家。在电学、磁学和应用力学的贡献有扭秤实验、库仑定律等。电荷单位库仑就是以他的姓氏命名的。

③ 让-巴蒂斯特·毕奥（Jean Baptiste Biot，1774—1862），法国著名物理学家、天文学家和数学家。与萨伐尔共同提出电磁学领域的毕奥-萨伐尔定律。

卡文迪许在科学研究中思路开阔、兴趣广泛，显得异常活跃，完全没有他平时与人交往时的腼腆和拘谨。上至天文气象，下至采矿机械，乃至抽象的数学等等，他都进行过研究。但他一生性情孤僻，淡泊名利，在科学界没有形成一个学派。不过他以广博的学识、清晰的推理、罕见的才智在英国皇家学会会员中备受崇拜。

　　也许是对待自己和科学都过于苛刻的原因，卡文迪许始终坚持一定要把科学问题完全搞清楚才会公开发表自己的论文。近五十年的持续实验，他留下了大量的研究文稿。1810年卡文迪许逝世后，他的侄子把他遗留下的二十捆实验笔记完好地放进了书橱里，这些手稿竟在书橱里一放便达七十年。直到1871年，卡文迪许的后代亲属德文郡八世公爵S.C.卡文迪许将自己的一笔财产捐赠剑桥大学并建立以卡文迪许家族命名的实验室，电学大师麦克斯韦[①]应聘负责这家实验室时，这些凝聚卡文迪许智慧与心血的笔记才重回人们的视野。麦克斯韦仔细阅读了这些手稿，曾经感叹说："卡文迪许也许是有史以来最伟大的实验物理学家，他几乎预料到电学上的所有伟大事实。这些事实后来通过库仑和法国哲学家的著作闻名于世。"

麦克斯韦

　　值得指出的是，卡文迪许实验室已成为享誉全球的著名科学研究机构之一。这家实验室注重独立、系统的开拓实验和理论探索，其中关键

---

　　① 詹姆斯·克拉克·麦克斯韦（James Clerk Maxwell，1831—1879），英国著名物理学家、数学家。经典电动力学的创始人，统计物理学的奠基人之一。创建英国第一个专门的物理实验室，建立了麦克斯韦方程组，预言了电磁波的存在。他建立的电磁场理论，将电学、磁学、光学统一起来，是19世纪物理学最光辉的成果。

性设备都提倡自制。百年来已成就了很多科学大师，先后培养出二十六位获得诺贝尔奖科学家，如发现电子的汤姆逊[①]、原子之父卢瑟福[②]、量子力学掌门人玻尔[③]、发现中子的查德威克[④]、提出DNA双螺旋结构的沃森[⑤]都来自卡文迪许实验室。这个充满了卡文迪许的科学探索精神的实验室曾经对现代科学的进步做出了巨大的贡献。

[①] 约瑟夫·汤姆逊（Joseph John Thomson，1856—1940），英国著名物理学家，电子的发现者。1906年被授予诺贝尔物理学奖。

[②] 欧内斯特·卢瑟福（Ernest Rutherford，1871—1937），英国著名物理学家。他首先提出放射性半衰期的概念，并因"对元素衰变以及放射化学的研究"，荣获1908年诺贝尔化学奖。

[③] 尼尔斯·玻尔（Niels Bohr，1885—1962），丹麦著名物理学家，量子力学的奠基人之一，哥本哈根学派的掌门人。由于对原子结构理论的贡献获得1922年诺贝尔物理学奖。

[④] 詹姆斯·查德威克（James Chadwick，1891—1974），英国物理学家。因发现中子获1935年诺贝尔物理学奖。

[⑤] 詹姆斯·杜威·沃森（James Dewey Watson，1928年出生），美国著名分子生物学家、遗传学家，20世纪分子生物学的带头人之一。1953年和克里克发现脱氧核糖核酸（DNA）的双螺旋结构（包括中心法则），二人与莫里斯·威尔金斯共同获1962年的诺贝尔生理或医学奖。

普利斯特里

J.Joseph Priestley

姓　　名：约瑟夫·普利斯特里（J.Joseph Priestley）

出 生 地：英格兰约克郡利兹市

生 卒 年：1733—1804

主要贡献：发现氧气

主要著作：《电学的历史与现状》《论各种不同的气体》

氧是地球上储量最多、分布最广的元素。然而，它又是一种看不见、闻不到、摸不着的气体，发现它是很困难的。英国的普利斯特里作为第一位详细叙述了氧气各种性质的科学家，在化学史留下了不可磨灭的功绩。不过，令人惊奇的是普利斯特里的一生大部分都在当牧师，对化学的研究只是他的业余爱好而已。

■ 寄人篱下的童年

1733 年 3 月，普利斯特里生于英国约克郡利兹市附近的菲尔特黑德镇。他的父亲经营着小农庄，同时从事毛织品的加工、裁缝工作，家里人口多，家境并不富裕。作为长子的普利斯特里，幼年与外公、外婆住在一起，母亲去世后，又被姑母收养。姑母家里经营着一个大农庄，生活富裕，又是虔诚的信徒，农庄周围许多信众经常来到家中聚会。在这里，普利斯特里度过了童年中最美好的几年，他不用干活劳动，专注学习成了他唯一的任务。但几年后，姑父忽然去世，姑母没有了生活来源，只靠姑父留下的遗产度日。姑母身边没有子女，为了减轻经济负担，不得不把普利斯特里送进了教会学校。后来又把普利斯特里送到姑父的朋友——布莱克先生家里，这里离利兹城不远。布莱克先生是一家啤酒厂的职员，家里生活也比较宽裕。

漂泊不定、寄人篱下的幼年生活，养成了普利斯特里独立思考的性格，而姑母家浓厚的宗教氛围也熏陶了正在成长的小普利斯特里，当一名牧师成为他对自己未来职业的理想规划。

普利斯特里头脑聪明，从小就学习兴趣广泛，而且十分勤奋。少年时期，语言学、神学、数学、自然哲学都是他涉猎的领域。他曾经利用因病在家休学的机会自学法语和德语，身体康复后，便直接进入考文垂的高等专科学校的三年级学习而免修一二年级的课程。在学校里，他学习了希伯来文、希腊文和拉丁文，加上他在神学方面的广博知识，刚二十岁时，就已小有名气了。他常常同那些信仰传统宗教的人们进行辩论，并且总是占上风。强烈的宗教信仰使他认为任何事情都是上帝的善意赋予，即便是不幸和灾难，那也是上帝对人的考验而施予的恩赐。普利斯特里终生坚持这一信念，这使他在晚年面临灾难和逆境时，仍保持了内心的平和。甚至他对自己生来口吃这一缺陷，也认为是上帝的善意安排。

■ 酒，开启了他的化学大门

1755 年，二十二岁的普利斯特里毕业后赴萨福克郡尼达姆镇就任牧师一职，但由于他对宗教的异端看法和口吃而遭到排挤，他的经济状况十分艰难。此后他转到契耶夏郡南特维奇的一家小教堂担任牧师，同时办起私塾，经济上才逐渐有了起色。这期间他结识了自己学生的姐姐梅丽·维尔金逊——当时英格兰最大的铁器制造商艾萨克的女儿。

1761 年，普利斯特里成为惠灵顿学院的语言教师。学识渊博的他讲授过多种课程，包括语言学、文学、法律、口才学、辩论学乃至解剖学，甚至还编著出版了《基础英语语法》《语言学原理》《口才学和辩论学讲义》等。第二年，他与梅丽·维尔金逊结婚，在晚年的《回忆录》中，他曾这样评价过自己的婚姻："我们的结合是极为合适而幸福的。"

1765 年，在筹备写一本有关电学史的著作时，经惠灵顿学院院长的介绍，普利斯特里结识了当时著名的电学家富兰克林[①]。富兰克林积

① 本杰明·富兰克林（Benjamin Franklin，1706—1790），美国著名政治家、物理学家。美国开国元勋，美国制宪会议代表及《美利坚合众国宪法》签署人之一。

极为他提供相关资料，给予了极大的帮助，并联名其他科学家推荐他为英国皇家学会会员。1767 年《电学的历史与现状》出版，好评如潮。而这一年，普利斯特里离开学校回到利兹市，重新做回牧师。正巧他居住的附近便是一家酿酒厂，发酵桶中产生的气体引起了普利斯特里的兴趣，自此他开始了对空气的研究，也开启了他研究气体化学的大门。

■ 生命之气的发现

普利斯特里进行了大量的气体实验。他将老鼠放到有空气的密闭容器中，老鼠并不能存活很久。如果放一只燃着的蜡烛在密闭容器中，老鼠便会更快死去。他推测蜡烛燃烧生成了不利于老鼠生存的气体。动物如此，那植物会怎么样呢？普利斯特里把植物和燃着的蜡烛一起放置在密闭容器中，结果发现蜡烛比单独在密闭空间的时候燃烧更久，而且植物也存活更久。说明蜡烛燃烧生成的气体是植物生存需要的，而植物成长释放出蜡烛燃烧需要的气体。

普利斯特里利用气体进行的许多实验都属人类首创。普利斯特里证明了二氧化碳能被水吸收，形成一种有酸味的溶液。这也是我们现在喝的碳酸饮料的前身。正是他的实验，人们知道了绿色植物具有净化空气的作用，并为解释植物的光合作用提供了的基础。他还制成了一氧化氮、二氧化氮、氨、氯化氢、二氧化硫、氟化氢、氟化硅、一氧化碳等气体。普利斯特里极大丰富了当时对气体的研究，他把自己实验结果整理成论文，出版发行了《关于各种气体的实验与观察》。普利斯特里在气体化学方面的实验在欧洲引起极大反响，英国皇家学会因此授予他最高奖——科普利奖章（Copley Medal of the Royal Seciety）。普利斯特里大部分的研究成果，都收集在题为《与自然科学有关的实验与观察》

（三卷）和《关于各种气体的实验与观察》（三卷）的著作中。

普利斯特里在化学领域最大的贡献是发现了氧气。1774年，伦敦科学仪器商送给他一台直径30cm、焦距50cm的大型凸透镜，他利用这个凸透镜对各种物质进行加热实验。有一次，他把"水银灰"放在充满水银的玻璃罩，用凸透镜聚集太阳光对其进行加热，发现有无色气体生成，水银被排出玻璃罩。他在水槽里收集了这种气体，研究它的性质，发现它能支持蜡烛燃烧，而且蜡烛比在空气中燃烧更剧烈；这种气体能使老鼠存活时间长于在普通空气中的存活时间，而且显得比平时更活泼、快活；这种气体闻起来无味，但使人愉悦。普利斯特里曾在他实验记录的结尾这样写道：

"有谁能说这种气体将来不会变成时髦的奢侈品呢？不过，现在只有两只小老鼠和我，才能享受呼吸这种气体的权利哩！"

这种气体就是人们现在都知道的重要的生命气体——氧气。不过，遗憾的是普利斯特里深受燃素说[①]的影响，认为这种气体不能燃烧，因此，他把这种气体称为"脱燃素空气"。

1774年8月末，普利斯特里去欧洲大陆旅行，在巴黎遇到了法国化学家拉瓦锡，他向其详细介绍了加热"水银灰"（氧化汞）得到"脱燃素空气"的实验。拉瓦锡重复了实验，并且把普利斯特里的实验材料以及他本人的实验结果联系起来。拉瓦锡显然没有受到传统燃素学说的束缚，他将这种气体命名为氧气，大胆地提出了氧化概念，并形成了燃

---

① 燃素说：18世纪初，德国化学家施塔尔（G. E. Georg Ernst Stahl，1660—1734）在总结前人关于燃烧本质的观点基础上，系统提出燃素学说。燃素说认为物质燃烧是因为其含有燃素，不含燃素的物质不能燃烧，燃烧的化学变化就是物体吸收燃素或放出燃素的过程。物质加热时需有外来的空气将其中的燃素吸取出来，燃烧过程才能实现。燃素说利用转移的概念解释了大量的化学现象和反应，一定程度上促进了化学的发展，将化学从炼金术中彻底解放了出来。燃素说影响化学界近百年，直至拉瓦锡的燃烧学说建立，才更为科学地解释了燃烧现象。

烧的氧化理论。坚持燃素说的普利斯特里却固执地捍卫自己的观点，他拒绝接受拉瓦锡对氧和水的任何解释。所以人们常说普利斯特里虽然发现了氧气，但是却不认识氧气。不过这并没有影响他是发现氧气第一人的地位。

普利斯特里纪念馆一角

■ 移居北美

18 世纪末，晚年的普利斯特里十分同情法国的大革命，为此他做了多次讲演而受到了保守的英国人的反对与攻击，这些人烧毁了他的住宅和实验室，撕掉了他的许多重要手稿。出于安全的考虑，1794 年，普利斯特里不得不移居美国。在美国，他作为美国伟大的朋友和著名人士受到了热烈欢迎和热情款待，并且还受到了美国总统乔治·华盛顿和物理学家富兰克林的接见。此后成为美国公民的普利斯特里在宾夕法尼亚州的诺森伯兰定居，并担任宾夕法尼亚大学①化学教授，他建立了实验室，继续他的化学实验。1804 年 2 月，普利斯特里去世，享年七十一岁。

人们一般把 1774 年 8 月 1 日定为人类发现氧气的日子。

1874 年 8 月 1 日，正是人类发现氧气一百周年的纪念日。这一天，成千上万的人聚集在英国的伯明翰城，为英国化学家、氧的发现者普利斯特里的铜像举行揭幕典礼。而美国化学学会也选定在这一天正式成立。普利斯特里在美国的住宅，至今仍然是科学界所瞻仰的名胜古迹，以他的姓名命名的普利斯特里奖章已变成美国化学界的最高荣誉。

---

① 宾夕法尼亚大学（University of Pennsylvania），简称宾大（UPenn），位于费城。是全球顶尖的美国私立研究型大学，1740 年由本杰明·富兰克林创建。全美第一所医学院、第一所商学院、第一个学生会组织以及人类历史上第一台通用电子计算机均诞生在这所大学。

舍 勒

Carl Wilhelm Scheele

姓　　名：卡尔·威尔海姆·舍勒（Carl Wilhelm Scheele）

出 生 地：瑞典斯特拉尔松

生 卒 年：1742—1786

主要贡献：发现氧、钨、锰、氯等化学元素

主要著作：《火与空气》

卡尔·威尔海姆·舍勒是 18 世纪中后期的瑞典化学家。他几乎是与普利斯特里同时发现的氧气，但由于他把"火空气"（氧）的相关实验整理成名为《火与空气》的书稿送至出版社，待到该书出版时，已经是 1777 年。因此，发现氧气的荣誉就落在了普利斯特里的头上，人们把普利斯特里发现氧气的日子——1774 年 8 月 1 日——定为发现氧气的纪念日。不过，作为一个在化学史上的著名人物，舍勒的成就并不仅仅是发现氧气，他的研究是多方面的，几乎涉及了化学的各个领域。在无机化学、分析化学、矿物化学，甚至有机化学、生物化学等诸多方面，他都做出了卓有成绩的贡献。

■ 药店里接触化学

1742 年 12 月，舍勒出生于瑞典南部的斯特拉尔松（现位于德国境内）。他的家庭并不富裕，除了维持生计，家里没有更多的积蓄供他读书。舍勒勉强读完小学，家里就把十四岁的他送到哥德堡①的一家药店去当学徒工。药店里有一位叫马丁·鲍西的老药剂师，是哥德堡远近闻名的医生。马丁·鲍西不仅有高超的医术，而且学识渊博，为人和善，具有娴熟的实验技能，他常常亲自为病人和药店制药，人们对他非常尊重和崇拜。在 17 世纪的欧洲，治病的药品是和化学实验分不开的。正是在药店里，舍勒接触到了化学实验，进而对许多物质的成分进行了研究。

舍勒在药店里一边忙于本职工作，一边学习和进行实验。这期间他

---

① 哥德堡（Gothenburg）：瑞典西南部海岸的著名港口城市，是瑞典仅次于斯德哥尔摩的第二大城市。下文中的马尔默（Malmo）是瑞典第三大城市。

不仅学到了许多化学实验方面的重要知识，还读了大量的书，当时流行的有关化学实验方面的书，他大部分都读过。功夫不负有心人，长达六年的药店学徒，在马丁·鲍西的悉心指导下，舍勒无论在知识上还是在技能上都大有长进，他已经由一个小学文化程度的学徒工，俨然成长为一位知识渊博、实验技术熟练的药剂师。更难得的是，他甚至还自制了一套精巧的化学实验仪器。

　　此后，马丁·鲍西的药店因故破产，舍勒失业，实验也被迫中断。但不久，幸运之神眷顾了舍勒，马尔默城的柯杰斯垂姆药店为他提供了一份药剂师的工作，这家药店的老板也同马丁·鲍西一样理解和支持舍勒的实验研究。而且还提供一套房子让他居住、储藏图书和摆放实验仪器，从而能够更加专心研究和实验。舍勒居住的地理位置也为他的科学研究和学术活动提供了便利：靠近鲁恩德大学，而毗邻丹麦哥本哈根的马尔默城，学术氛围浓厚。随着舍勒在化学研究方面的逐步积累，他的学术成就也被几所大学所认可，有意聘请他来校担任教授，但是都被舍勒一一婉拒。

　　1775 年，舍勒当选为瑞典科学院院士。

舍勒自己的药店

在化学领域里遨游

舍勒一生中完成了近千个实验，他亲自动手改进、制作了许多实验仪器。夜深人静之时，他的房间总是灯火通明，独自做着他想做的各种各样的化学实验。

1767 年，他开始对亚硝酸进行研究，他在加热一种叫硝石（KNO_3）的白色晶体物质时，得到一种无色无味的气态物质。这种气体的性质和成分舍勒并不清楚，于是，舍勒称它为"硝石的挥发物"，这种"硝石的挥发物"其实就是氧气。舍勒一次又一次地对硝石进行加热，他发现当硝石在坩埚中加热到通红时，有干热的气体放出，这种气体遇到烟灰的粉末，会燃烧并且放出耀眼的光，这种神奇的现象深深吸引了舍勒，他对这种神秘气体的研究到了痴迷的程度。他曾对他的朋友说："为了解释这种新的现象，我忘却了周围的一切，因为假使能达到最后的目的，那么这种考察是何等的愉快啊！而这种愉快是从内心中涌现出来的。"当时舍勒把这种气体称为"火空气"。

现在我们知道这种使物质燃烧的气体就是氧气。舍勒在发现氧元素后——虽然后人并没有把发现氧元素的功劳归于他，还设计了多种制取氧气的方法，包括氧化汞加热分解法、硝石加热分解法、高锰酸钾加热分解法，加热碳酸银和碳酸汞混合物的方法。

氯气的发现，是舍勒在化学上的另一重要贡献。18 世纪后期，欧洲迅猛发展的冶金工业，促使科学家们对各种矿石展开深入研究，其中有一种矿石叫软锰矿，引起了舍勒的特别关注，三年时间的实验与分析，舍勒确定软锰矿是含有新金属氧化物的矿石，按当时的观点与说法，它应该是"脱燃素的新金属"，这种新金属被舍勒定名为锰（Mn）。

在这种软锰矿的研究中，舍勒发现在稀硫酸和稀硝酸中软锰矿难以溶解，但是，将软锰矿放在盐酸中，立即冒出一种黄绿色的气体，这种气体有刺激性气味，使人的肺极为难受，还能令昆虫窒息而死。舍勒首次用盐酸与软锰矿加热条件下实现了下述反应：

$$MnO_2 + 4HCl \xrightarrow{\triangle} MnCl_2 + 2H_2O + Cl_2 \uparrow$$

在反应中证明软锰矿是一种强氧化剂。

舍勒用氯气这种黄绿色的气体做了多种实验，发现、总结了关于氯气的物理、化学性质：氯气微溶于水，溶于水后水略有酸味；氯气能漂白鲜花和绿叶，它还能腐蚀金属；昆虫在这种气体中的会窒息而死，火在其中也会立即熄灭。今天看来，舍勒对氯气的性质研究与总结得非常全面，然而可惜的是，由于他对燃素学说非常虔诚与信服，导致他错误地认为，这种气体是由"脱燃素的锰"（二氧化锰）从盐酸中夺取了燃素而产生，因此，舍勒没有认为它是一种新元素，而把氯气称为"脱燃素盐酸"。

舍勒在实验室

除了对氧气、氯气的研究，舍勒在无机化学方面，发现的新物质还有很多，如氮气、砷酸、钼酸、钨酸、亚硝酸等等。当时的无机化学有了比较好的发展，但是有机化学处于起步阶段，在缺乏理论指导的情况下，舍勒竟能发现十几种有机酸。植物、牛奶、水果甚至结石都成了他研究的对象，例如，他通过实验证实了植物中含有的酒石酸，他利用柠檬汁提炼出柠檬酸晶体，他从肾结石中制取出尿酸，苹果中的苹果酸，酸牛奶中的乳酸，他还发现了一种与巴氏消毒法①很相似的消毒方法等等。

舍勒的实验室

特别需要提及的是，磷元素是德国人布兰德②在 1675 年试图通过尿液制取黄金时偶然发现的，并且被认为具有巨大的商业价值（比如生产

---

① 巴氏消毒法，又称巴氏灭菌法，是法国人路易斯·巴斯德（Louis Pasteur，1821—1895。化学家，近代微生物学的奠基人）于 1862 年发明的一种能杀灭牛奶里的病菌，又不影响牛奶口感的消毒方法。该方法也可应用于发酵产品。

② 亨尼格·布兰德（Hennig Brand，1630—？），德国炼金术士、化学家。在炼金过程中通过加热尿液而意外发现了化学元素磷，成为有纪录的第一个化学元素的发现者。

火柴）。但是从尿液中获得磷实在太难了，提取磷的成本很高。舍勒通过自己的研究，发现骨头中含有磷，并发明了从骨头中获得磷的工艺。这种工艺的推广，极大促进了火柴的生产，使瑞典成为当时火柴的主要生产国。

■ "品尝"出来的化学

舍勒认为化学是尊贵的学问，也是他终生奋斗之所在，对化学的研究几乎到了如醉如痴的程度。他为人正派，勤奋好学，在学术界享有盛誉。舍勒的朋友就曾这样描述舍勒：他具有惊人的记忆力和理解力，但似乎他只记住与化学有关的事情，他把许多事情都与化学联系起来加以说明，他有化学家的独特的思考方式。

舍勒一生研究过很多物质，但他有个习惯，对发现的每种化学物质，总要亲口"品尝"一下它们的味道——这个习惯，现在看来是致命的。他尝过剧毒的氢氰酸，之后做了这样的记录："氢氰酸气味奇特，但并不使人讨厌，味道微甜，刺激舌头，品尝后使嘴发热。"能如此平静地记录品尝剧毒物质的感觉，确实令人瞠目结舌。

舍勒的时代，实验室里对操作人员身体保护的条件还十分有限。由于经常接触类似氯气、汞这样的有毒物质。再加上舍勒"品尝"物质的不好习惯，导致他的身体受到严重的伤害。舍勒的健康情况越来越糟糕，最终，正处壮年的舍勒于1786年5月离世，年仅四十四岁。这一天也是他与相恋了十年的女友举行婚礼的两天后。

毕生研究，成就非凡

回顾舍勒科学探索的一生：

1770年，二十八岁这年，他发表了第一篇论文，是关于酒石酸的，在酒石酸基础上他又得到焦酒石酸；

1774年，他利用二氧化锰制得了黄绿色、有刺激性气味的气体——氯气，从而发现了氯元素；

1775年，他对砷酸相关的反应进行了研究并撰写文章；

1776年，他发表了关于水晶、矾石和石灰石成分的论文，同年，他从尿液中第一次提取到了尿酸这种物质；

1777年，他成功制得了有臭鸡蛋气味的硫化氢气体；

1778年，他对液态金属汞产生兴趣，成功制得了升汞（氯化汞），还从钼矿里制成了钼酸。

1780年，舍勒将牛奶发酵，产生了一种乳酸，乳酸被硝酸氧化能够得到黏液酸。

1781年，舍勒发现了白钨矿，为了纪念他的首次发现，化学上利用他的姓，命名为Scheelite。

1782年，他首先制成了乙醚。

1783年，他同时研究了甘油的特性、普鲁士蓝（亚铁氰化铁）的特性和用法。

……

除了发现八种元素——氯（Cl）、氟（F）、锰（Mn）、钡（Ba）、钼（Mo）、钨（W）、氮（N）、氧（O）——之外，舍勒发现、制备的化合物众多，我们不妨做一个粗略归纳：

类别	研究的具体物质与研究时间
①无机酸	磷酸（1774 年） 砷酸（1775 年） 钼酸（1778 年） 钨酸（1781 年）
②其他无机化合物	氟化氢（1771 年） 砷化氢（1775 年） 亚砷酸铜（1778 年） 氰化氢和氰化物（1782 年）
③有机酸类	酒石酸（1770 年） 草酸（1776 年） 乳酸和尿酸（1780 年） 柠檬酸（1784 年） 苹果酸（1785 年） 没食子酸和焦性没食子酸（1786 年）
④其他有机化合物	酪朊和骨螺紫（1780 年） 乙醛和酯类（1782 年） 甘油（1783 年）

从简单的统计中不难看到，舍勒在化学研究中取得的非凡成就。

1942 年，为纪念化学家舍勒诞生二百周年，长达八卷的他的全部实验记录被重新整理、印刷，正式出版，成为化学史上的宝贵财富。舍勒为化学事业鞠躬尽瘁，他的化学研究给人类带来巨大的收益，也对化学的进步与发展起到极大的推进作用。

拉瓦锡

Antoine-Laurent de Lavoisier

姓　　名：安托万-洛朗·德·拉瓦锡（Antoine-Laurent de Lavoisier）

出 生 地：法国巴黎

生 卒 年：1743—1794

主要贡献：提出"元素"的定义，发表第一个现代化学元素列表，创立氧化燃
烧学说

主要著作：《化学基本论述》《氧化说》

18世纪70年代，在法国巴黎的一个实验室内，一位不到四十岁的中年人坐在实验台前，盯着一个正在被加热的密闭容器。容器里盛着的水不断地翻滚着，水变成水汽上升，碰到容器壁被冷却，流回这个密闭容器。这种沸腾已经持续很长时间。他停止了加热，待容器完全冷却后，他开始认真地用天平进行测量，并不时地在本子上记录着什么。终于，他脸上露出了笑容：容器质量的减少正等于产生固体物的质量，水的总质量在蒸馏过程中没有任何改变。这个实验结果，有力地反驳了当时流行于化学界"水转化为土"的说法。他用实验的事实，终于推翻了极具影响力的燃素学说，并且提出了质量守恒定律，建立了氧化燃烧的学说。不仅如此，此后他还规范了化学物质命名的原则，制定了化学物质分类的标准，使化学研究从定性转为定量，奠定了现代化学发展的基础。他，就是法国著名的科学家拉瓦锡。

■ 选择科学之路

1743年8月26日，拉瓦锡出生于巴黎。他的家境不错，是一个富裕的律师世家。父亲是巴黎著名的律师，母亲也是大家闺秀。在这种世家中，他从小就接触法律，家人期望他能子承父业，将来做一名优秀的律师。

十一岁时，拉瓦锡进入马萨林学院读书。1761年（十八岁），他进入巴黎大学法学院学习，两年后获得律师资格。虽然此前拉瓦锡对自然科学便很感兴趣，也向一些当时有名的学者学习天文学、数学、植物学、化学、地质矿物学的知识。但真要走出校门成为一名律师时，他却有些犹豫了。不过此时发生了两件事，改变了他的命运。

在拉瓦锡获得律师资格的那一年，当时的法国科学院向市民征集路灯的设计方案。拉瓦锡对此很感兴趣，决定参与比赛。经过多次研究实验后，他提交了自己的设计方案。虽然没有获得头奖，但由于拉瓦锡的方案实用又简明，法国科学院经商议后，决定在科学院的杂志上发表这个方案，并颁发给拉瓦锡奖章。

另一件事发生在1764年的暑期，拉瓦锡父亲的好友、矿物学家盖塔教授到他的家里去做客。当时的盖塔教授正在对法国各地进行地质调查，拉瓦锡对教授所讲述的各地见闻特别感兴趣，于是，在父亲的支持下，他决定作为助手，帮助教授进行一些力所能及的研究工作。拉瓦锡跟随盖塔教授走遍法国的山山水水，他们鸡鸣即起，用温度仪和气象仪进行测量，白天记录地形，测试土质，观察矿场，分析水质，晚上把白天的数据进行整理分类，做好记录。这期间，拉瓦锡还绘制了第一份法国地图。

随着对自然界的认识越来越多，拉瓦锡对科学的兴趣也越发浓厚。拉瓦锡开始思考自己的前途。是做律师，还是科学家？他陷入深深的思索中，经历了多个不眠之夜。一天早晨，当金色的阳光洒在他的脸上，他"腾"的一声坐了起来，连鞋子都没来得及穿，便跑到父母房间，告诉他们"我不要当律师了，我要当科学家"。父母错愕地看着他，竟一时谁也说不出话来。拉瓦锡的这个决定，不但改变了他的一生，也改变了科学发展的速度，改变了世界。

拉瓦锡的科研生涯，由此开始。

■ 为化学发展奠定基础

1768年，拉瓦锡研究了生石膏与熟石膏之间的转变，他将撰写的论文发表在《巴黎科学院院报》上。他在论文中指出，石膏是硫酸和石灰形成的化合物，加热时会放出水蒸气。这是拉瓦锡第一篇化学论文，引起科学界巨大轰动。拉瓦锡因此当选为法兰西科学院院士。这一年他仅仅二十五岁。

　　拉瓦锡被邀请参与了许多工作，提交各种关于理论操作或实际问题的科学报告。这些工作对拉瓦锡来讲是极大的锻炼，给他后来的成就打下了基础。也是在这一年，他的科研工作缺少经费，父亲帮助了他，让他做"包税商人①"。他本不是贪婪之人，但这个鱼肉百姓的行业却使他名誉受损。最后甚至为此丢掉性命。

　　拉瓦锡二十八岁时遇到了他的终身伴侣玛丽·安努·毕列特·包兹，他们虽没有生育子女，但他的妻子是一位极富才华的贤妻，也是他的得力助手。她在实验室里担任记录工作，帮助拉瓦锡将英文版的化学书译成法文。她还跟著名画家路易·达维学习绘画，为她丈夫的主要著作《化学基本论述》配画插图。

拉瓦锡夫妇

―――――――――――――――

　　① 包税商人：国家将某一种捐税按一定数额包给私人或团体征收的制度，称为包税制。因一般多交给商人承包，故这类人被称为包税商人。由于包税商人有国家授予征税的权力，又可自行确定征税办法，因而往往有借机敲诈勒索之嫌。

拉瓦锡用"包税商人"和火药监督赚来的钱财建立了先进的实验室。虽然公务繁忙,但是他坚持每天都要花费几个小时的时间去完成自己实验室里的工作,而且还规定每周要有一整天用于化学的研究。拉瓦锡的夫人回忆说:"做实验的那一天,对他来说是最幸福的一天。几位有学识的朋友以及能参加他的研究工作充当助手的年轻人,大清早就集合到我们实验室。他们在那里边就餐边讨论,创立了拉瓦锡功名永存的理论。"在这个实验室,拉瓦锡进行了大量关于"燃烧"的研究。

1772 年 9 月,拉瓦锡有了新的发现:磷和硫在燃烧之后,没有保持质量守恒,还增重了。这与德国斯塔尔的燃素学说存在矛盾,于是,拉瓦锡又进行实验,并且推测,金属燃烧增加重量可能是因为空气的缘故。

1774 年 10 月,英国化学家普利斯特里来到巴黎,拉瓦锡和他就"燃烧"展开了激烈的讨论。大多数人认为,普利斯特里是第一个发现氧气的人,就是他告诉拉瓦锡,他在给氧化汞加热的时候收集到了一种有助燃作用的气体,这种气体能使蜡烛更剧烈燃烧,而小白鼠能在这种气体里存活的时间更长。拉瓦锡立即重新做了这个实验,发现这种气体能与许多非金属物质结合生成酸,他把这种气体命名为"酸素"。氧元素的化学符号"O",就是来源于希腊文的"Oxygene"(酸素)。令人惋惜的是,普利斯特里一直不能接受拉瓦锡的理论,顽固坚信燃素论的正确。

经过大量后续研究,拉瓦锡指出空气是混合物,主要由氧气和氮气组成。燃烧过程是可燃物质与氧的结合,而可燃物的重量增加是由于燃烧过程中吸收了氧,这就是著名的氧化学说。拉瓦锡通过精确的测量,发现物质虽然在一系列化学反应中改变了状态,但参与反应的物质总质量在反应前后都是相同的。这便是化学反应的基本定律——质量守恒定律!拉瓦锡向法国科学院提交了实验报告《燃烧概论》,系统地阐述了燃烧的氧化学说,从此化学彻底摆脱了燃素说的束缚!

拉瓦锡在实验室与朋友交流

当时，英国化学家卡文迪许发现，如果给氢气与氧气的混合物通电会出现水珠。可是卡文迪许恪守的是亚里士多德的四种元素理论，认为水是独立的元素，所以他无法解释这一结果。两年后，卡文迪许的助手访问巴黎时与拉瓦锡进行了交流，拉瓦锡重复了这个实验，他不仅合成了水，还把水分解生成氢气和氧气。由此他确定了水的组成：水是由氢和氧组成的化合物。

拉瓦锡还建立了有机化合物的分析法。有机物燃烧后，通过测量所生成二氧化碳和水的质量确定有机物中碳氢氧元素的比例，这种量化的实验方法，一直被现代的人们所使用。

1785 年，拉瓦锡与人合作编写了《化学命名法》。在这本书中，他介绍了化学元素新的命名方法，我们现在使用的、常见的化学术语基本上都是根据它而来的。因为大家已经习惯曾经的名称，所以在新方法提出的开始，并没被广泛接受，甚至很多人还由此心生不满。但是拉瓦锡和同伴力排众议，坚持推广。拉瓦锡的做法为后代化学家们的研究工作提供了极大的便利。

1789 年，他的著作《化学基本论述》出版，这本书的出版标志着现代化学的新纪元。拉瓦锡在这部书中用氧化学说和质量守恒定律解释了大量实验结果。这种理论系统与先前的化学理论完全不同，一出版便引起了轰动，虽被一些燃素说坚持者反对，却很受当时年轻一代化学家们的喜欢，这部书与波义耳的《怀疑派化学家》一同被评为"化学史上划时代的作品"。

此外，拉瓦锡还在法兰西科学院制定新的度量衡系统时，提出了长度单位"米"和质量单位"千克"。到今天，该标准已经被世界通用，成为常用国际单位。

■ 被"革命"送上断头台

《化学基本论述》这本代表性著作出版的那一年，恰是1789年法国大革命开始的时候。令人痛心的是，多次掀起科学界革命的拉瓦锡，却被这场现实的革命夺取了生命。大革命来临，许多人污蔑拉瓦锡为"人民公敌的伪学者"，甚至试图解散拉瓦锡所在的法国科学院。拉瓦锡对于这种行为痛心疾首，他据理力争，认为政治不应该干预学术。可惜当时激进的革命派早已不愿再忍受波旁王朝对法国的统治，拉瓦锡这样的既得利益者当然是他们的眼中钉。

拉瓦锡被科学院开除，然后又被逮捕入狱。这一下，整个学术界都震动了！各界学者纷纷向国会施压，呼吁他们释放拉瓦锡，但此时的国会已经被激进派所掌控。1794年5月，法庭公开审判拉瓦锡，认为他犯有税务欺诈罪，并销售假烟草，对社会造成了极其恶劣的影响，应该与其他保税官一样被送上断头台。

当时著名的数学家拉格朗日[1]就曾悲愤地说："你们可以一眨眼就把

---

① 约瑟夫·路易斯·拉格朗日（Joseph-Louis Lagrange，1736—1813），法国著名数学家、物理学家。在数学、力学和天文学等领域中都有历史性贡献。

他的头砍下来，但他那样的头脑一百年之内都不会再长出来。"

对于即将被处死的消息被确认之后，拉瓦锡本人倒是很坦然，他的心中仍然琢磨的是科学问题。在临终之前，拉瓦锡与自己的助手约定，做最后一个实验。作为对生物学深有研究的拉瓦锡来说，人类的意识从何产生，大脑如何展现意识，他都非常感兴趣，很想知道头离开身体之后，意识会不会立刻消失。于是，拉瓦锡的助手找到了刽子手，希望他们能够帮忙完成拉瓦锡人生的最后实验。刽子手似乎也被拉瓦锡这种痴迷科学的无畏精神所感动，便答应了这一请求。

传说当刽子手砍下拉瓦锡的头颅之后，拉瓦锡的眼睛不停地眨动，刽子手仔细地记下了拉瓦锡眨眼的次数——十一次。这也证明了一点：人的头颅与身体脱离后，还会有短暂的意识残留。这就是拉瓦锡——一位伟大的科学家——留给我们的最后一份珍贵礼物。这一年，拉瓦锡五十一岁。

拉瓦锡的一生做过上千次实验，虽然他的许多实验只是重复了别人的做法，但他却能通过认真的思考、合理的推论，对实验结果或出现的现象做出更为科学的解释，而不拘囿于传统的观念和前人留下的教条定律。他的座右铭是"不靠猜想，而要根据事实"。他敢于挑战权威，始终保持清醒的头脑，坚信自然界，物质无论怎么变化，质量一定守恒。拉瓦锡以其辉煌的科学成果推动了化学的发展，他的贡献彪炳史册。

道尔顿

John Dalton

姓　　名：约翰·道尔顿（John Dalton）

出 生 地：英国坎伯兰伊格尔斯菲尔德

生 卒 年：1766—1844

主要贡献：提出原子论、道尔顿分压定律，发现色盲（又叫道尔顿症）

主要著作：《化学哲学的新体系》

恩格斯在《自然辩证法》"札记和片段"部分，曾经这样写道："化学中的新时代是从原子论开始的（所以近代化学的始祖不是拉瓦锡，而是道尔顿）。"在化学中，特别感谢道尔顿发现了原子论，已达到的各种结果都具有了秩序和相对的可靠性，已经能够有系统地，差不多是有计划地向还没有被征服的领域进攻，可以和计划周密地围攻一个堡垒相比。

这里提到的道尔顿是英国著名的科学家，也是近代化学的奠基人。他曾被选为英国皇家学会会员、法国科学院外国通讯院士、柏林科学院名誉院士、莫斯科自然科学爱好者协会名誉会员、慕尼黑科学院名誉院士等。他还担任过英国学术协会化学分会副会长；此外，牛津大学授予他法学博士学位，英国政府授予他一枚金质奖章。

不过，这样一位荣誉等身的大科学家，却没有接受过高等教育，也没受过专业训练，完全靠自学成才的。

■ 寒门少年得遇名师

1766 年 9 月 6 日，对于英格兰北部伊格尔菲尔德的一个小乡村的织布工人家庭来说，这一天却有着特殊的意义，他们迎来了一个新的生命，父亲给这个孩子起名为约翰·道尔顿。孩子的到来让这个本就不富裕的家庭愈加拮据，道尔顿六岁起在教会办的小学接受初等教育。在学校读书时，道尔顿就显示了他刻苦好学的精神，有时，为了一道难题，他会冥思苦想，同学们都放学回家了，他仍坐在教室里，直到问题有了答案。小学毕业后，道尔顿因家境窘迫而中途辍学。同村有一位亲戚是自然科学爱好者，平时喜欢气象观测。他认为道尔顿小小年纪就已显露才华，而且还有一股坚忍勤奋的精神，于是便自愿教他数学、物理，还指导他如何进行气象观测。十二岁时，道尔顿利用自己掌握的知识办起了一个小私塾，教村里更小的孩子读书，同时也使家里的生活宽裕了一些。小私塾只开了两年多就因故停办了，十五岁的道尔顿离家来到附近的肯达尔镇，在他表兄任校长的教会学校里做助理教师。他边工作边读书，自学了数学、拉丁文及各种自然科学知识。在这所学校里任教生涯，为他打下了科学研究的良好基础。

值得一提的是，在肯达尔镇，道尔顿遇到了一个影响他一生的老师——约翰·高夫先生。

约翰·高夫是镇上有名的盲人学者，在数学、天文、植物学、医学等方面有很高的造诣，对拉丁文、希腊文和法文也十分精通，特别是他坚毅的品格和对大自然的探索精神令道尔顿由衷佩服。道尔顿拜他为师，受益匪浅。高夫虽然是一位盲人，未见过大自然，却把大自然作为他的教学内容。他的课堂在户外、田野里、小溪边，用花草的不同形状教几何，在风中教空气运动学……整个大自然都是他的教学内容，他的教学方式也多种多样，十分有趣，学生们都喜欢围在他周围享受大自然带来的快乐。在高夫老师的眼中，科学家是大自然的诗人。在博学多识的高夫指导下，道尔顿收集各种标本，进行系统的气象纪录。道尔顿从二十一岁起日日观测气象，时时记录，为了记录得更加全面，他自己制造了气压计、风速计、风向仪、湿度计、雨量计等，成为第一个发明全套气象仪器的人。道尔顿的记录习惯一直坚持到他生命的最后一天，前后持续整整五十七年，全部观测记录超过二十万条。1793 年道尔顿出版了自己第一部科学著作《气象观测论文集》，引起了科学界的关注。有趣的是，道尔顿和拉瓦锡两位近代化学奠基人都对气象观测有极大的兴趣。

道尔顿最初发表的研究论文是关于色盲问题的。道尔顿是色盲症患者，也是第一个研究人类色觉识别问题的科学家。

据说，道尔顿发现自己色盲还有个小故事呢。有一年圣诞节，道尔顿送给妈妈一双"棕灰色"的袜子，妈妈看到后却说："我很喜欢你买的这双樱桃红色的袜子，但太过鲜艳，与我年龄不太相称。"道尔顿很奇怪，为什么妈妈会说我买的棕灰色的袜子是樱桃红色呢？这件小事引起了道尔顿的思考，他拿着袜子去问周围的人，发现只有弟弟和自己有相同的看法，别人都认为袜子是樱桃红色的。原来他和弟弟与别人的色觉不同。从此，道尔顿对于这种症状进行了多方面的调查研究，并发表了论文。这篇论文引起了英国及西方社会对色盲症的重视，因此在英国，色盲症也称道尔顿症（Daltonism）。

1793 年，道尔顿经高夫推荐来到曼彻斯特①，在一所专科学校讲授数学课和物理课，后来又开设了化学课。这是他第一次接触化学，但是真正对化学感兴趣却是在他三十岁那年听了化学家格奈特的讲授后，可见道尔顿作为化学家也是晚学后进。

当时正值英国工业革命，曼彻斯特是当时的纺织业中心，经济和文化发达，这种环境使道尔顿能较快地接受各种科技新信息，不断提高自己的科研能力。到曼彻斯特不久，道尔顿就参加了曼彻斯特文学与哲学学会的活动，他经常在学会的例会上宣读自己的研究成果，并在学会的刊物上发表论文。他是市里图书馆的常客，也经常挑灯夜读。但是他的教学任务还很重，他只能挤出时间去做科学研究，时间少，学校设备落后，限制了他在科学方面的进一步发展。

1799 年他毅然辞职，自己花钱租了房子，买了仪器设备，建立了自己的实验室，把大部分时间都用来做科学研究。在这里，他进行了原子论的大量实验，完成了他的名著《化学哲学新体系》。这是化学领域也是科学史上的重大成果。

---

① 曼彻斯特（Manchester），位于英格兰西北部。是棉纺织工业的发祥地，也是世界上最早的工业化城市。

原子论奠定现代科学基石

原子论是一个古老的理论，臆测性的哲学原子说早在两千多年前就已产生。古希腊的哲学家留基伯和德谟克利特曾提出：微小的不可分割的原子组成了世界的万物。但是这只是理论学说，并无实验依据，所以长期受宗教神学说和其他学说的排挤。17世纪，科学飞速发展，物质组成成了抑制科学进步的瓶颈，更多科学家都走进原子学说的阵营，并试图根据当时物理学的成就，探讨原子的存在和相互作用。

但到了18世纪，用原子学说仍难以解释化学反应，科学家们对原子进行各种猜想，但未形成统一的理论体系。法国化学家拉瓦锡建立了元素学说，道尔顿结合旧原子学说和元素学说，提出的原子论，是化学发展史上一个光辉的里程碑。

道尔顿在研究气体在水中的溶解度时，作出了气体在水中的溶解度可能与气体原子的原子量成正比的推论。他认为相同的元素原子相同，相同的原子质量相同。他把氢原子（最轻的原子）质量定为"1"，标定出了十三种元素的相对原子质量。道尔顿还设计了一套符号来表示他的理论，形象的符号使道尔顿原子论被快速推广。

原子论并不是道尔顿的首创，但却是他使原子论有了系统性和科学性。如果把新旧原子论比较会发现两者有着本质区别。旧原子论认为各物质的原子本质相同但形状不同，如水的原子光滑，可以滚来滚去，铁的原子粗糙不平，能牢固粘在一起成坚硬的固体，但是道尔顿的新原子论却认为不同元素原子大小和重量都不同，这样一种定量的科学理论同旧原子论的模糊推测有着根本的区别。

道尔顿

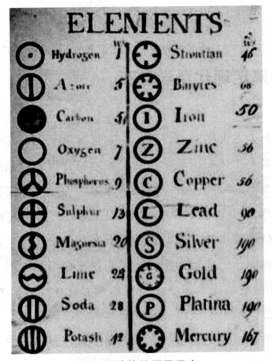

道尔顿计算的原子量表

　　概括而言，道尔顿的原子论要点是：首先，所有物质都不能无限分割，都要达到一个最后的极限。这个极限的微粒，依照自古以来的说法，就叫作原子（atom）。其次，原子的种类很多，各元素都有各自特有的原子。同一元素的原子，性质完全相同，质量相等；不同元素的原子，特别是质量不同。最后，化合物是由组成元素的原子聚集而成的"复杂原子"。在构成一种化合物时，其成分元素的原子数目保持一定，而且保持着最简单的整数。此外，道尔顿还设想所有元素的原子均为球形，并以其所制造的模型来表示各种化合物的结构。

为科学事业奉献一生

除了原子论，道尔顿还发现了我们至今仍在运用的"气体分压定律""倍比定律"。此外，他还提出了"地球的自转产生了风""地球的磁场导致了激光的产生""色盲是因为眼球的水晶体少了一种物质，造成无法吸收红光"等论断。

道尔顿终身没有结婚，他曾解释他之所以没有女朋友的原因是由于研究工作的繁忙，他生活简朴，家中没有几件像样的家具，常有学者来拜访道尔顿，都惊讶于他的清贫。为让道尔顿能安心做研究，学者们向英国政府申请给这位一心扑在科学事业上的道尔顿发养老金，添置家具，道尔顿六十七岁时，才享受到政府的支助。1837年，即使得了轻度中风，行动变得不方便，道尔顿仍坚持做实验并继续教课，1842年，七十六岁高龄的道尔顿参加了他人生中最后一次的英国科学促进会的年会，在会上，他说："我还能做实验，只不过速度上会慢一些，时间要比过去多花三倍到四倍。"

这是一位伟大的学者，他将自己的一生毫无保留地完全献给科学事业。1844年7月27日清晨，窗外下着毛毛细雨，头发花白的道尔顿艰难地坐起身，在笔记本上记下当天的气压和温度，写完"微雨"这两个字后，一大滴墨水顺笔滴下，他这双创作了许多著作的手再也无法握住笔了。第二天清晨，道尔顿躺在他卧室里，面含微笑，安详地闭上了双眼。

道尔顿曾这样总结过自己："如果说我比其他人获得了较大成功的话，那主要是——不，完全是——靠不断勤奋的学习钻研而来的。有的人能够远远地超越其他人，与其说他是天才，不如说是由于他钻心致志地坚持学习，不达目的不罢休的那种不屈不挠的精神所致。"

如今已过去一百多年，曼彻斯特市民仍然崇敬道尔顿。在市政厅主楼一进门的左侧摆放着道尔顿半身的大理石雕像，并且连接市政厅前阿尔巴特广场的街道至今还叫约翰·道尔顿街。

曼彻斯特的道尔顿塑像

阿伏伽德罗

Amedeo Avogadro

姓　　名：阿莫迪欧·阿伏伽德罗（Amedeo Avogadro）

出 生 地：意大利都灵

生 卒 年：1776—1856

主要贡献：分子论，阿伏伽德罗定律

主要著作：《可度量物体物理学》

■ 转行研究物理化学的律师先生

1776 年 8 月，意大利西北部皮埃蒙特大区的首府都灵，一个世袭律师的家族添了一个男婴，父亲菲立波给他取名：阿莫迪欧·阿伏伽德罗，对他寄予了厚望并为他规划了前程——做律师或者法官，继续发扬光大家族的显赫名声。

阿伏伽德罗中规中矩地长大，接受父亲的安排，中学毕业后进入都灵大学攻读法律，十六岁取得法学学士学位，二十岁取得了宗教法博士学位，未来的职业看起来一片光明。但三年的律师生涯却让阿伏伽德罗厌倦了枯燥的法律条文和教条的法庭，此时，意大利物理学家伏特[①]发明了伏特电堆，引起轰动，这吸引着阿伏伽德罗把关注转向了自己更感兴趣的领域：数学、物理、化学、哲学。1803 年他和兄弟费里斯联名向都灵科学院提交了一篇关于电的论文，受到了有关专家的好评。第二年阿伏伽德罗被选为都灵科学院的通讯院士。这一荣誉使他下决心全力投入科学研究。1806 年，阿伏伽德罗被聘为都灵科学院附属学院的教师。1809 年他被聘为维切利皇家学院的数学物理教授。

1809 年到 1819 年阿伏伽德罗成为都灵科学院正式院士的十年，是他在物理化学方面最具贡献的十年，分子理论就是在这一时期提出的。1820 年都灵大学设立了意大利的第一个物理讲座，他被任命为此讲座的教授。一边教学，一边进行科学研究便始终是阿伏伽德罗的常态生

---

① 亚历山德罗·朱塞佩·安东尼奥·安纳塔西欧·伏特（Count Alessandro Giuseppe Antonio Anastasio Volta，1745—1827），又译作亚历山德罗·伏打。意大利物理学家，因发明伏打电池组（电堆）而著名。为纪念伏特，国际单位制中的电压单位用伏特（符号 V）表示。

活，直到 1850 年退休。此外，阿伏伽德罗还担任过意大利度量衡学会会长，由于他的努力，使公制①在意大利得到推广。1856 年 7 月，阿伏伽德罗在都灵逝世，享年八十岁。

阿伏伽德罗从一个律师成为一个科学家，是与他过人的才智与勤奋的努力分不开的。他精通英语、法语和德语，对拉丁语和希腊语也很熟悉。博览群书，知识渊博，除了发表的研究论文和四卷本的《可度量物体物理学》这一分子物理学的重要著作外，他所作的读书笔记摘录就达七十五卷之多，每卷都有七百页以上！

■ 化学领域的原子论纷争

大家知道，物质的组成和结构是科学研究和科学发展中的核心问题，从物质的本原意义上说，它也是一个哲学无法回避的问题。在古希腊，德谟克利特最早提出了原子学说，试图用原子来解释宇宙万物的形成和自然界发生的各种变化。他认为世界万物都是由微小的不可分割的原子组成的；原子永恒存在，永不毁灭，宇宙中真实存在的只有原子和虚空。原子论开辟了人类认识自然、解释自然界发展变化的可能性。当然，古希腊的原子论还只是一种模糊笼统的哲学思辨，缺少实践与科学的依据，但它为以后的科学进步开阔了视野，随着科学的发展，对物质组成的微粒的哲学思考逐渐让位于科学的实证与认识。

英国化学家道尔顿正是在古希腊哲学层面的古典原子论和后来科学

---

① 公制（The Metric System）：一种国际度量衡制度。亦称"米制"或"米突制"，基本单位为千克和米。为欧洲大陆及世界大多数国家所采用。国际单位制（The International System）便是国际标准计量组织在公制基础上制定公布的。

家的微粒说的基础上，通过对气体物理性质的详细研究，提出了定量层面的近代科学原子论。他认为化学元素是由原子组成的，同种元素原子质量相同，不同元素原子质量不同，原子是化学反应中的最小单位，原子在化学反应中按照整数比例进行结合。

道尔顿的原子论发表后，法国的化学家盖-吕萨克[①]通过自己的化学实验证明了这个理论的正确，例如，他发现一体积的氧和一体积的氮，经化合得到了两体积的一氧化氮。进一步的研究许多不同气体间的化学反应，更使他得出这样的结论：在同温同压下，所有参加反应的气体体积和反应后生成的气体体积之间，总是存在着简单的比例关系。这就是著名的气体化合体积定律，也称盖-吕萨克定律。但令人不可思议的是，这一支持道尔顿原子学说的实验结果，虽然受到不少化学家的重视，但道尔顿本人却难以理解和接受。道尔顿认为盖-吕萨克的结论违背了关于原子不可分割的基本思想。若按盖·吕萨克的假说，n个氧和n个氮原子生成了2n个氧化氮复合原子，岂不成了一个氧化氮的复合原子由半个氧原子、半个氮原子结合而成？原子不能分，半个原子是不存在的。因此他指责盖-吕萨克的实验数据不准确，而盖-吕萨克则坚持自己实验得出的结论。于是在化学领域一场持续很久的学术争论便开始了。

在19世纪初期，测定各元素的原子量是化学家最热门的课题。尽管采用了多种方法，但因为不承认分子的存在，化合物的原子组成难以确定，原子量的测定和数据呈现一片混乱，例如醋酸竟可以写出十几个不同的化学式。当量有时等同于原子量，有时等同于复合原子量（即分子量），有些化学家干脆认为它们是同义词，从而进一步扩大了化学式、

---

① 约瑟夫·路易·盖-吕萨克（Joseph Louis Gay-Lussac，1778—1850），法国著名化学家、物理学家。主要贡献有气体热膨胀定律，碘的命名，1815年发现氰并弄清它作为一个有机基团的性质。

化学分析中的混乱。甚至部分化学家开始怀疑原子量到底能否测定，原子论能否成立！

■ 认可，迟到了半个世纪

身处意大利的科学家阿伏伽德罗显然也对当时化学界的争论发生了兴趣。1811 年，他发表了题为《原子相对质量的测定方法及原子进入化合物时数目之比的测定》的论文。他以盖-吕萨克气体化合体积比实验为基础，进行了合理的假设和推理，首先引入了"分子"概念，并把它与原子概念相区别，指出原子是参加化学反应的最小粒子，分子是能独立存在的最小粒子。单质的分子是由相同元素的原子组成的，化合物的分子则由不同元素的原子所组成。文中明确指出："必须承认，气态物质的体积和组成气态物质的简单分子或复合分子的数目之间也存在着非常简单的关系。把它们联系起来的一个、甚至是唯一容许的假设，是相同体积中所有气体的分子数目相等。"这样就可以使气体的原子量、分子量以及分子组成的测定与物理上、化学上已获得的定律完全一致。同体积的气体，在相同的温度和压力时，含有相同数目的分子。阿伏伽德罗的这一假说，后来被人们称为阿伏伽德罗定律。阿伏伽德罗根据这条定律，还详细研究了测定分子量和原子量的方法。因为有的气体可能是多个原子构成的分子，他就此提出了阿伏伽德罗常数。

但当时，他的这个理论与已经得到公认的瑞典化学家贝采利乌斯[①]

---

① 永斯·雅各布·贝采利乌斯（Jöns Jakob Berzelius，1779—1848），瑞典著名化学家，现代化学命名体系的建立者。倡导以元素符号来代表各种化学元素，确立电化二元论，"有机化学"的概念也是他最早提出。

阿伏伽德罗

的"电化二元论"理论矛盾。这个理论认为同元素原子携带电荷相同，因为斥力是不可能结合在一起的，因此，英、法、德国的科学家都不接受阿伏伽德罗的分子假说。

阿伏伽德罗发表的关于分子假说的第一篇论文没有引起任何反响。1814 年，他又发表了第二篇论文，继续阐述他的分子假说。正是在这一年，法国物理学家安培①独立地提出了类似的分子假说，仍然没有引起化学界的重视。已清楚地认识到自己提出的分子假说在化学发展中的重要意义的阿伏伽德罗很着急，在 1821 年他又发表了阐述分子假说的第三篇论文，在文中他写道："我是第一个注意到盖-吕萨克气体实验定律可以用来测定分子量的人，而且也是第一个注意到它对道尔顿的原子论具有意义的人。沿着这种途径我得出了气体结构的假说，它在相当大程度上简化了盖-吕萨克定律的应用。"在他讲述了分子假说后，他感慨地写道："在物理学家和化学家深入地研究原子论和分子假说之后，正如我所预言，它将要成为整个化学的基础和使化学这门科学日益完善的源泉。"

尽管阿伏伽德罗作了再三的努力，但是还是没有如愿，直到他 1856 年逝世，分子假说仍然没有被大多数化学家所承认。

无论是在无机化学领域还是在有机化学领域，化学式和化学元素的原子量测定方法始终没有达成共识所造成的混乱局面，终于使化学家们忍无可忍了，大家强烈要求召开一次国际会议，力求通过讨论，在一系列的问题上取得统一的意见。1860 年 9 月在德国卡尔斯鲁厄召开了国际化学会议。一百四十多位不同国籍的化学家在会上激烈争论，此时意

---

① 安德烈·玛丽·安培（André-Marie Ampère，1775—1836），法国物理学家、化学家和数学家。对电流的相互作用规律及电磁效应的研究成绩卓著。国际单位制中表示电流的基本单位安培（简称安，符号 A）即为纪念他而命名。

大利化学家康尼查罗①散发了他所写的小册子。在这本小册子中，他以清晰的条理和说服人的证据，使大多数化学家相信他的同胞阿伏伽德罗在半个世纪以前便已经解决了确定原子量的问题。历经半个世纪曲折探索的化学家此时也采取了冷静的思考和务实的态度，大家终于承认阿伏伽德罗的分子假说的确是扭转化学界混乱局面的唯一钥匙。阿伏伽德罗的伟大贡献终于被确认，可惜此时他已溘然离世几年了，没能亲眼看到自己学说的胜利。

■ 近代化学史的一块基石

阿伏伽德罗是第一个认识到物质由分子组成、分子由原子组成的人。他的分子假说奠定了原子分子论的基础，推动了物理学、化学的发展，对近代科学产生了深远的影响。

阿伏伽德罗一生从不追求名誉地位，只是默默地埋头于科学研究与教学工作中，并从中获得了极大的乐趣。他甚至没有为后人留下一张照片或画像，我们现在看到的画像是在他死后，按照石膏面模临摹下来的。

1860 年在德国举行的化学国际会议基本确立了化学界对原子分子论的认可，原子量的测量工作从此步入正轨。随着原子量的测量工作全面展开，人们逐渐开始思考元素与原子量之间的关系。并把不同原子量的元素进行排序，以寻找它们之间的规律。门捷列夫元素周期表就是在

①　康尼查罗（Cannizzaro，1826—1910），意大利著名化学家、革命家。为阿伏伽德罗原子分子学说的确立贡献巨大。在《化学哲学教程提要》中他给"原子"和"分子"所下的准确定义，得到了化学界的普遍赞同。

这种氛围中产生出来的。

德国年轻的化学家迈耶尔[1]也参加了 1860 年的国际会议，他在认真研究了阿伏伽德罗的分子理论之后，于 1864 年出版了被称为化学基础理论的代表作的《近代化学理论》一书。而这部著作又使更多的科学家懂得并接受了阿伏伽德罗的分子理论，促进了化学学科的蓬勃发展。

---

[1] 尤利乌斯·洛塔尔·迈耶尔（Julius Lothar Meyer，1830—1895），德国化学家，阿伏伽德罗分子论的积极倡导者。他的《近代化学理论》及第一张元素周期表推动了化学的进一步发展。

戴 维

Humphry Davy

姓　　名：汉弗里·戴维（Humphry Davy）

出 生 地：英格兰康沃尔郡彭赞斯

生 卒 年：1778—1829

主要贡献：发现钾、钠等元素，发明安全矿灯，提携法拉第

主要著作：《化学哲学原理》

英国著名化学家汉弗里·戴维是钾、纳、钙、镁、锶、钡、硼等众多元素的发现者，也是矿井安全灯的发明人，但最让人津津乐道的是，戴维发现、提携了一个贫穷但有为的书店装订工法拉第走入科学的殿堂，并使这个青年成为至今仍被我们熟知的物理学家。正如他临终时所说："我最大的发现是一个人——法拉第[①]！"

■ 把荒废的时光追回来

1778 年 12 月，戴维出生在英格兰西南部康沃尔郡彭赞斯城附近的乡村。父亲是个木器雕刻匠。小时候，戴维就是个淘气、贪玩而又聪明的孩子。六岁上小学后，他的心思完全没有放在学习上，不是与小伙伴到康沃尔海边去钓鱼，就是到山上森林里去打鸟，对老师布置的背诵课文更是厌恶不已。在许多老师眼里他就是一个调皮捣蛋、不求上进的坏学生。小学勉勉强强毕业后，父亲送戴维到彭赞斯城读书。在课余，平日就喜欢诗歌、擅长讲故事的戴维开始写诗，并阅读了许多课外的读物。不过在城里，最吸引他的是医生配制药物时物质的各种奇异变化。他常常偷偷躲到自己的房间，用碗、杯、碟作器具，学做实验，他对化学实验的兴趣与日俱增。

十五岁那年，戴维的父亲去世了。为谋生糊口，戴维到药房做了一名学徒工。在药房，他既能充当医生的助手，学习行医的本领；又可以利用药房里的化学实验仪器通过溶解、蒸馏的方法配制丸药和药水。戴维此时才发现自己荒废了太多的时间，对许多知识都缺乏了解，于是他

[①] 迈克尔·法拉第（Michael Faraday，1791—1867），英国著名物理学家、化学家。电磁学的奠基人，发电机的发明人。

给自己制定了一个自学计划以弥补自己的不足：仔细研究包括神学、哲学、数学、地理学、植物学、医药学、解剖学、化学等二十多种学科知识；学会法语、拉丁语、希腊语、希伯来语等七门语言；拉瓦锡的《化学原理》等众多化学家的著作也成为他的日常读物。对于一个十六七岁的少年来说，这样的计划几乎可以用"宏大"来形容。不过戴维天资聪慧，再加上他痛改前非的顽强意志以及周密的学习安排，在很短的时间内，戴维的知识储备和科学素养就有了极大的提升。在这期间，戴维结识了来到彭赞斯考察的格勒哥里·瓦特。格勒哥里·瓦特是制造出第一台有实用价值的蒸汽机、使人类进入"蒸汽时代"的著名发明家詹姆斯·瓦特[①]的次子。格勒哥里·瓦特很喜欢这个聪明勤奋好学而且帅气的年轻人，帮他释疑解惑，大大开拓了戴维的视野，也更加坚定了戴维从事科学研究的决心。两人成为终身挚友。

尽展自己的才华

1798 年，格勒哥里·瓦特介绍二十岁的戴维到英国布里斯托尔，在一所气体疗病研究所当实验室管理员。这里的环境提供给了戴维更好的学习和实验机会。研究室的负责人贝多斯医生发现他有精湛的实验技术，是个有前途的人才，就提出愿意资助戴维去大学进修医学。但这时，戴维已下定决心终生从事化学研究。

戴维在气疗研究所主要研究气体对人体的作用时，他总是先在自己

---

① 詹姆斯·瓦特（James Watt，1736—1819），英国著名发明家、企业家，工业革命的重要人物。发明人类历史上第一台蒸汽机，并得到广泛应用。功率单位"瓦特"（简称"瓦"，符号 W）就是以他的姓氏命名的。

身上做实验。

当时人们一般认为一氧化二氮是无害气体，为了测试这种气体的性质，戴维制取了大量的一氧化二氮，装在几个大玻璃瓶里。一天贝多斯医生来到了实验室，俩人在谈话过程中，由于贝多斯不灵便，转身的时候胳臂碰倒了一个铁三脚架，架子砸碎了装满一氧化二氮的玻璃瓶。贝多斯一边抱歉，一边弯腰收拾玻璃瓶，戴维也急忙帮助打扫。等到戴维准备继续他们刚才被打断的话题时，眼前的贝多斯的表情令他大吃一惊，平日不苟言笑的贝多斯，此时眼睛睁得大大的，脸上浮现出令人费解的微笑，说："戴维，你听，它们相互碰撞起来的声音简直太悦耳了！"接着，便哈哈大笑起来。戴维受到贝多斯的感染，也不由自主地大笑起来。这两位科学家面对面地站着，无法抑制地狂笑不止。笑声震撼了整个实验室，也惊动了隔壁实验室的人们。他们冲进戴维的实验室，房间里弥漫的气体立刻让他们捂住鼻子："快出去！你们需要呼吸新鲜空气，你们中毒了！"贝多斯和戴维在新鲜空气中逐渐恢复了神志，但是头痛还没有消除。事后戴维在笔记本上记述道："我知道进行这个实验是很危险的，但是从性质上来推测可能不至于危及生命。……吸入少量这种气体后，会觉得头晕目眩，如痴如醉，再吸入一些后四肢有舒适之感，慢慢地筋肉都无力了，脑中外界的形象消失，出现各种新奇的东西，一会儿人就会像发了狂一样又叫又跳……"戴维把一氧化二氮称之为"笑气"，总结了它的特征，并特别提示医生这种气体的麻醉作用，后来许多的医生都把笑气作为一种麻醉剂应用到医疗中。

掌握了笑气的基本特性后，擅长交际的戴维便经常邀请一些朋友们试用笑气，享受笑气的魔力。在笑气的刺激下，欢聚的朋友们会在癫狂状态下写出一首首诗篇，这些诗篇最后汇编成一部诗集《在笑气中呼吸》出版。戴维的笑气实验一下子轰动了英国的科学界。

1801 年，戴维被皇家学院的研究所聘请，任化学讲师兼管实验室。由于他具有丰富的知识和高超的实验技术，在到职后的六个星期内就被升为副教授。1801年2月，皇家学院的院董们开了一次简单的会议，会议记录上记载了这样一段文字："兹决定：聘请汉夫里·戴维来院充任化学副教授、实验室主任和本院定期刊物的副主编。并批准他有权在院内领有一间房间，壁炉所需的煤炭及照明所需的蜡烛。此外，再支付他一笔年俸———百个基尼①。"

此后，在学院举办的一系列的讲座上，年轻帅气的戴维又以超群的智力和非凡的口才获得了出乎意料的成功。他把各种科学研究讲得如此生动，因而赢得了大量粉丝，杰出的讲演者戴维成为伦敦的知名人士。

第二年戴维被提升为教授。此时他才二十四岁。

1803年，戴维被选为英国皇家学会会员。

1807年，出任英国皇家学会秘书。

■ 化学元素的一系列发现

1800年意大利物理学家伏特发明了将化学能转化为电能的电池，使人类第一次获得了可供实用的持续电流。1800年有人采用伏特电池电解水获得成功，使人们认识到可以将电用于化学研究。此时戴维也在思考，电既然能分解水，那么对于盐溶液、固体化合物会产生什么作用呢？在皇家学会繁忙的工作中，戴维开始研究各种物质的电解作用。他快速掌握了伏打电池的构造及性能，然后组装了一个特别大的电池组用于化学实验。针对拉瓦锡认为苏打、木灰一类化合物的主要成分尚不清

---

① 基尼（Guine）：又译作畿尼，也叫金基尼，英国旧货币名。是1633年英国第一代由机器生产的货币。因最初是用几内亚的黄金铸造，故得名。1基尼=1.05英镑=21先令。由于黄金价格的上涨，1733年以后，金基尼已经超出了本身原有面值的数倍，逐渐成为人们收藏的货币。1816年正式退出流通货币行列。

楚的看法，戴维选择了木灰（即苛性钾）做第一个研究对象。他将苛性钾制成饱和水溶液进行电解，结果在电池两极分别得到的是氧和氢，加大电流强度仍然没有其他收获。仔细分析原因，他感觉可能是水在从中起了作用，于是他改用熔融的苛性钾。在电流作用下，熔融的苛性钾慢慢熔解，随后看到正极相连的部位沸腾不止，有许多气泡产生，负极接触处有形似小球、带金属光泽、非常像水银的物质产生。这种小球的一部分一经生成就燃烧起来，并伴有爆鸣声和紫色火焰，剩下来的那部分的表面慢慢变得暗淡无光，随后被白色的薄膜所包裹。这产生紫色火焰的未知物质因温度太高而无法收集。再次总结经验后，戴维终于获取了这种物质。这种物质投入水中，沉不下来，而是在水面上急速奔跃，并发出咝咝响声，随后就有紫色火花出现。通过进一步的实验，戴维断定这是一种新发现的元素，它比水轻，并使水分解而释放出氢气，紫色火焰就是氢气在燃烧。因为它是从木灰中提取的，故命名为钾。

对木灰电解成功，使戴维对电解这种方法更有信心，紧接着他采用同样方法电解了苏打，获得了另一种新的金属元素——钠。

拉瓦锡认为所有的酸中都含有氧的观点曾一度很流行。盐酸中应含有氧，氯不是元素而是氧化物，便成了理所当然的事，然而，化学家们想尽各种办法也没有从盐酸或氯气中找到氧。在电解制取碱金属的实验中获得成功的戴维又开始研究这一难题。通过一系列精心设计的实验，戴维确认氯气是一种元素，盐酸中不含氧，氢才是一切酸类不可缺少的要素。经过一段时间的检验，人们接受了戴维的判断，酸的氢元素说取代了错误的酸的氧元素说。从此，人们对酸的本质有了正确的认识。

戴维生活的 18 世纪末 19 世纪初，英国的工业革命正在蓬勃展开。煤代替了木材，因而刺激了煤矿的开采。但煤矿开采中瓦斯的爆炸令矿工们每次下井都胆战心惊。许多矿主和矿工因久仰戴维的大名，便纷纷登门请求戴维帮助。戴维亲赴矿井分析爆炸原因，证明井下的可燃气体都有一定燃点，而瓦斯的燃点是比较高的，瓦斯的爆炸通常是由于矿井中的点火照明而引起。于是，戴维制作了一种矿用安全灯，并携带此灯深入最危险的矿区做示范。戴维的发明有效地减少了瓦斯的燃爆，受到矿工们的欢迎。有人劝戴维保留矿灯的发明专利，但是他拒绝了，他郑重申明："我相信我这样做是符合人道主义的。"

电解方法的使用，使戴维的化学实验结出了丰硕的果实，此后他又发现并制取了钙、镁、锶、钡等金属元素。后来他用钾去还原三氧化二硼，得到了一定数量棕色的硼，他也借此宣布这是一种新元素，成为硼元素的发现者。戴维总共发现了钾、钠、镁、钙、锶、钡、硼七种元素，是发现自然元素最多的化学家之一，堪称"元素之王"！

1812 年，戴维出版了《化学哲学原理》一书。1819 年，戴维被封为男爵，在英国从未有科学者能获如此殊荣。1820 年，戴维被选为英国皇家学会会长。1826 年又被推选为圣彼得堡科学院名誉院长。

■ "伯乐"的功与过

1812 年 12 月的一天，正在家里养病的戴维，接到了一件邮寄来的大信封。信封里面是一本厚厚的书，足有三百多页。书的精装封面上烫着"戴维爵士讲演录"一行字。翻开正文，原来这三百多页的书都是手工抄写出来的。书中附着一封信笺：

尊敬的戴维爵士：

我是一个订书学徒，很热爱化学，有幸听过您四次讲演，整理了这本笔记，现奉上。如能蒙您提携，改变我目前的处境，将不胜感激云云。

信的落款是迈克尔·法拉第。

戴维看完信后，立即给法拉第写了一封热情洋溢的回信，信中他赞扬了法拉第热心追求科学的精神，并答应他在不久的将来与其会面，尽自己所能帮助他。

在戴维的提携下，法拉第来进入了戴维的实验室，由一个贫穷的订书工变成戴维的助手，从刷洗仪器开始做起。法拉第非常珍惜他的工作，总是把仪器洗刷的特别干净，工作和学习都特别勤奋、刻苦。戴维和他的助手们的实验工作以及有关科学的谈论让法拉第受益匪浅。戴维也很快就看出了法拉第的才能，逐渐放手让他更多地参与实验。此外，戴维带着法拉第到欧洲去旅行兼学术访问，使他却机会结识了许多著名的科学家，如安培、盖·吕萨克和伏特，聆听他们的演讲和谈话，了解他们的科学研究活动，大大开阔了科学视野。正如熟悉法拉第的英国化学家武拉斯顿所说："法拉第的大学是欧洲，他的老师乃是他所服侍的主人——戴维，以及由于戴维的名气而使法拉第得以结识的那些杰出的科学家。"

戴维（左）的助手法拉第正在清洗实验仪器

法拉第于 1816 年发表第一篇学术论文，到 1821 年已发表三十余篇。不过，他仍然只是戴维的实验助手。

1820 年，丹麦物理学家奥斯特在实验中发现了电流可以使磁针偏转的事实，引起了法国和英国许多科学家的兴趣，也激发了法拉第研究电与磁关系的热情。他花了三个月时间查阅了有关这个问题的一切文献，重复了一系列的实验，经过反复试验和思考，法拉第设计了一个简单的装置，最终实现了通电导线绕磁铁长久公转这一电磁感应现象。这也是世界上的第一台电动机的雏形。

法拉第发表了自己的实验报告，引起了戴维对自己的助手和仆人的嫉妒。法拉第的成功，不但没有得到赞赏，反而遭到指责，正如后来人们指出的那样："在戴维看来，法拉第只是一个助手，是一个领导的顺从者，除此之外，要想尊重他什么，那是难以做到的。因此，法拉第表现出了独立从事研究的才华，使戴维明显地懊恼，不适当地产生了嫉妒"。

作为皇家学会的会长，戴维对法拉第申请加入皇家学会采取了反对、拖延的方式，直到半年后的 1824 年 1 月，皇家学会才进行了选举。法拉第终于在只有一张反对票的情况下当选了。而唯一的一张反对票，就是发现、提携法拉第的恩师，担任皇家学会会长的戴维投出的。

1829 年，戴维在日内瓦逝世，终年五十一岁。戴维是一位极富才华的伟大科学家，在科学上他有众多的发现与发明，为提高科学的社会地位作出了突出的成绩。虽然在晚年因嫉妒法拉第的成就而压制过他，但是戴维对法拉第的培养与帮助，为法拉第以后完成科学的勋业创造了必要的条件。让一个铁匠的儿子、贫穷的订书匠成为科学界中的杰出人才，这本身就是戴维对科学发展做出的重大贡献。

李比希

Justus von Liebig

姓　　名：尤斯图斯·冯·李比希（Justus von Liebig）

出 生 地：德国达姆施塔特

生 卒 年：1803—1873

主要贡献：有机化学的创立者之一，提出植物矿物质营养学
　　　　　说，发明现代实验室导向的化学教学方法

主要著作：《有机物分析》《生物化学》《农业化学基础》

李比希是 19 世纪德国著名化学家，也是有机化学、农业化学和营养生理学的奠基人。1840 年，他出版的《化学在农业及生理学上的应用》，提出了植物矿物质营养学说，为化肥的诞生提供了理论基础。被人成为"肥料工业之父"，他在农业化肥领域的贡献至今仍影响着人们的生活。

■ 家庭熏陶　少年成才

1803 年 5 月，李比希出生于今日德国黑森州的前身黑森大公爵国的达姆施塔特。他的父亲是一个以贩卖化学药品、香水和清洗剂为生的商人。

由于家庭的熏陶，李比希很早就对化学产生了浓厚的兴趣，他经常帮助父亲在作坊里进行药剂或涂料的试验，阅读关于化学的书籍，甚至自己动手做实验。但在学校里，李比希并不是老师公认的好学生，遵守德国学校那种循规蹈矩、枯燥乏味的教育方式对他来说实在太难了。

李比希尤其感兴趣的是研究炸药，他甚至还从集市上卖灵丹妙药的人那里学会了制造雷管。李比希常背着老师，把炸药带进教室，以便在休息时拿去玩。有一次，正当老师专心地推导一条定理时，突然教室里发生了可怕的爆炸，吓坏了老师和同学，也引发了校长的震怒，学校把李比希开除了。

此后，李比希在黑彭海姆的药铺当学徒，不过也没有持续到底，他觉得那里传授的知识不符合他自己的心愿。他回到达姆施塔特，在他父亲的作坊中做帮手，一边在大公爵图书馆里阅读各种书籍，一边在作坊中做各种各样的化学试验。这一时期，他学习了拉瓦锡、道尔顿、卡文迪许等化学家的著作。

　　为了方便自己练习配制试剂，李比希将店铺后的厨房改造成了自己的专用实验室，经常一个人在阁楼上做实验。有时候因为实验失败造成破坏，李比希的父亲也没有责怪儿子，反倒从中看到了儿子的勇气和胆识。父亲的鼓励更加促进了李比希对科学的热爱与追求，

　　1819 年秋，通过父亲的介绍，李比希开始在波恩大学学习化学。他的导师很快就发现他才华横溢，让他做自己的实验助手。1821 年他随导师去埃尔朗根大学，并开始写他的博士论文《关于矿物化学与植物化学间的关系》。由于当时的中欧一直处于动荡阶段，有着热烈的社交倾向的青年李比希，参加了当地自由主义学生反对当局的示威。他被警察通缉，只得逃回家乡。后来，在导师的积极努力下，李比希完成了自己的学业，在获取博士学位后得到了前往法国巴黎索邦大学深造的机会。索邦大学是当时化学研究最为领先的欧洲大学。李比希在巴黎的许多老师都是著名的化学家如盖-吕萨克等，而且他也亲身体会了先进的化学教育理念和经验。

　　1824 年，李比希完成了一系列雷酸化合物的研究，与此同时，德国的另一位化学家维勒①也正在研究氰化物。他们的文章同时发表在盖-吕萨克主编的一本杂志上。盖-吕萨克指出这两类不同的化合物具有相同的分子式即"同分异构体"，这也是化学家首次发现这一神奇的现象。而李比希与维勒也因为这看似相同实则完全不同的研究成果，成为了一生的密友。

　　李比希一系列的研究工作引起了德国著名学者洪堡②的注意。在洪

---

　　① 弗里德里希·维勒（Friedrich Wohler，1800—1882），德国化学家。他因人工合成了尿素，打破了有机化合物的"生命力"学说而闻名。

　　② 亚历山大·冯·洪堡（Alexander von Humboldt，1769—1859），德国著名自然科学家、自然地理学家，近代气候学、植物地理学、地球物理学的创始人之一。首创等温线、等压线等概念。他对世界各地的考察及出版的相关著作产生广泛的影响，推动了近代科学的进步。

堡向黑森州大公的推荐下，刚刚二十一岁的李比希回到德国，于 1824 年 5 月成为吉森大学①的化学和药学编外教授。一年后他成为正式教授。

设立公共化学实验室

回到祖国成为吉森大学教授后，李比希发现德国的化学教育远远落后于法国，很多德国的大学都没有专业的化学教授，开设的化学课程也只是由医学博士授课。化学实验室就更是稀缺资源，很多化学家的实验室都颇具私密性，并不会为广大学生们开放，更无关化学教育。为了改善这种状态，李比希加强了对实验室建设和化学教学课程方面的研究，使化学教学真正具备了实验科学的特色。

李比希的努力得到校方和国家的支持，经过两年努力，他在吉森大学建立了一个完善的实验教学系统。他的实验室可以同时容纳二十多名学生做实验，教室可以供一百多人听讲，讲台的两侧有各种实验设备和仪器，可以方便地为听讲人做各种演示实验。

为了提高化学教育的必要性，李比希根据自己多年的经验编著了化学教学新的体系。他认为化学并不仅仅是一门实验性的科学，还直接关系到人民的生活和国家的命运。他致力于培养学生们的动手能力与逻辑思维能力，要求学生们既能定量分析，又能定性分析，并且可以自己制

---

① 吉森大学，位于德国黑森州吉森的公立大学。1607 年由黑森-达姆施塔特伯爵路德维希五世（Ludwig V.）建立，是德国最古老的大学之一。1945 年以前称作路德维希大学（Ludwigsuniversität），1957 年，经过战后重建，学校为纪念在此工作过的化学家李比希，学校全称为吉森尤斯图斯-李比希大学（Justus-Liebig-Universität Gießen）。

备出各类有机化合物，这样毕业之后的学生才能具有很强的工作能力与动手能力。

李比希建立的实验室后来被称为"李比希实验室"，李比希实验室科研和教学的风格，很快传遍全世界。李比希还制造和改进了许多化学仪器，如有机分析燃烧仪、李比希冷凝球、玻璃冷凝管等等。1831年发明的五球瓶效果尤为突出，这些仪器大大改善了分析仪器的速度并简化了分析动植物组织中所包含的基本化学元素的过程。此后，他和他的助手、学生研究了上百种植物、植物组织、动物器官，并发表了他们研究的结果。由于之前没有人能够像他们这样精确地、随时可以重复地进行这样的分析，所以，说他们奠定了有机化学的基础是毫不夸张的。

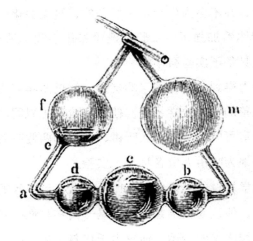

李比希设计的五球装置

李比希的授课方法、研究成果和所著论文很快就在整个欧洲引起广泛关注，他的名声也越来越大，除了德国其他学校的学生以外，还有很多英国法国的学生慕名而来，只为在吉森大学听李比希授课。

在李比希的精心指导下，他的具有攻关性质的实验室系统训练培养出了一大批闻名于世的化学家。其中就有为德国染料化学和染料工业奠定基础的霍夫曼①、发现卤代烷和金属钠作用制备烃的武慈②、提出苯环状结构学说为有机结构理论奠定坚实基础而被誉为"化学建筑师"的凯库勒等。这些后辈科学家在以后的发展中仿效李比希的做法，也建立了一批面向学生的教学实验室，使吉森的化学教育模式在全世界得到积极推广，为世界化学发展作出了巨大贡献。

吉森大学的公共实验室

■ 农业化学之父

除了在化学教育实践上的成功，李比希在化学研究的建树也是硕果累累。早年他研究雷酸盐，后来合成了氯醛和氯仿；1832 年他和维勒

---

① 奥古斯特·威廉·霍夫曼（August Wilhelm Hofmann, 1818—1892），德国化学家。创建德国化学学会并任首届会长。发现用苯制取苯胺的方法。

② 查尔斯·阿道夫·武慈（Charles Adolphe Wurtz, 1817—1844），又译武尔茨。法国化学家。1849 年发现甲胺，1855 年发现卤代烷用金属钠处理可得到烷烃，后与菲特格（Fittig）共同发现烷基芳烃。

鉴定出苯乙酰基，并发现了同分异构体；1834 年他提出乙醇、乙醚等都可视为乙基的化合物；1837 年，他通过对有机酸的研究，说明酸和氢的内在联系，提出多元酸的理论。

此外，李比希和法国化学家杜马合作，提出"基团"的概念，并对有机化学基团的性质进行了探讨。他们认为，有机化学中的基团是一系列化合物中不变的部分；基团在化合物中，可被元素置换；置换基团的元素，可以被其他元素所取代。

1839 年，李比希又对"发酵"和"腐败"问题做了理论说明。

李比希在化学领域里建树极多，但就今天的眼光看来，李比希在农业化学和营养生理学的成就是最令人瞩目的。

李比希始终十分关注当时经常暴发的饥荒现象，因此如何使农业领域的科研应用于粮食生产便成为李比希的工作内容。1840 年，李比希出版《有机化学在农业和生理学中的应用》，1842 年又出版了《动物化学或者有机化学在生理学和病理学中的应用》。这是李比希带领他的助手和学生在分析、研究了上百种植物、植物组织、动物器官所包含的基本化学元素的基础上，产生的重要科学成果。

这两本书出版后，产生了极大的影响。

在这两本书中，李比希提出了植物矿物质营养学说和归还学说，他认为植物生长离不开必需的基本元素如氮、磷、钾等，特别是氮、磷是植物不可缺少的元素。矿物质是绿色植物生长的养料，有机质只有分解释放出矿物质时才对植物有营养作用。而同时作物从土壤中吸走的矿物质养分必须以肥料形式如数归还土壤，否则土壤将日益贫瘠。所以维持土壤元素平衡也即肥力是农业生产的关键节点。

李比希认为，在农作物生长这个漫长的过程中，土壤中的养分物质肯定会被农作物吸收，久而久之土壤中的营养物质含量便会降低。土壤中成长的作物如要维持同样的产量，就需要增加土壤的肥力，土壤肥力是保证作物产量的基础。使土壤肥力恢复或者提高的根本方法在于施

肥。归还植物从土壤中带走的营养物质，特别是那些土壤中相对含量少而消耗量大的营养物质。在充分肯定了粪尿等有机肥料的作用的同时，李比希大力宣传了使用化学肥料的必要性。

李比希身体力行，率领他的学生们研制出了具有可溶性的磷肥料。这种过磷酸钙至今仍然是使用最多的磷肥料。化学肥料使 19 世纪中叶以后的粮食产量与质量都取得了明显的提高。正如苏联农业化学家普里亚尼什尼柯夫[①]曾所指出的："虽然在李比希以后的科学和实践对归还植物从土壤中所摄取的物质以保持土壤肥力的学说提出了重大的修正，但是仍然不能不认为这一学说具有重大意义。因为从这里，我们首次找到关于有意识地调整人类和自然间物质交换的明确思想。"

■ "错误之柜"

李比希的一生荣誉等身。1840 年他当选为英国皇家学会会员。1842 年又成为法国科学院院士。1845 年被德国国王封为男爵。1852 年后，李比希任慕尼黑大学教授。1860 年被选为巴伐利亚科学院院长。但在李比希科学探索的辉煌人生中，也有让他刻骨铭心的懊悔之事，以致他特意在实验室设置了"错误之柜"以警醒自己在科学研究中要时时保持严谨和认真的态度。

那是李比希刚刚进入化学研究领域不久的时候，一位德国商人寄给李比希一瓶深褐色的液体，据说是海藻灰的滤液，商人希望李比希能分

---

① 普里亚尼什尼柯夫(Dmitr Nikolaevich Prjanishinkov，1865—1948)，俄国著名化学家，农业化学学派的创始人。主要研究植物氮营养理论和土壤施用磷肥原理，阐述了土壤、肥料和植物三者之间的相互关系。

析出这瓶液体的成分。此前，李比希曾经为了提取海藻中含有的碘，做过把海藻烧成灰然后浸泡，再向液体中通入氯气，提取溶液中的碘的实验。当时他就发现，在提取碘之后的残渣中，有一种深褐色的闻起来有一股刺鼻臭味的液体。他重复做了多次，每次都会有深褐色的液体出现，经过思考，他认为是由于向液体中通入氯气，使得氯气和海藻中的碘起了化学反应，因此这个物质应该是氯化碘。所以，李比希收到商人的这瓶液体后，并没有再做认真的化学分析，只用眼睛看了看，鼻子闻了闻，就断定瓶中之物是"氯化碘"。然后就把这瓶液体放在柜子里，这一放就是四年。

1826 年 8 月，法国科学院宣布化学家波拉德①发现了新元素溴，并详细说明溴这种元素的性质介于氯和碘之间。李比希也看到了波拉德的报告，此时他猛然想起已在他的柜子里放了四年之久的那瓶"氯化碘"。他找出了那瓶棕色液体，认真地进行了化学分析，分析的结果既令他震惊，又让他追悔莫及。原来，那瓶棕色液体不含有氯，也不含有碘，更不是他猜测的"氯化碘"，其成分正是波拉德发现的新元素溴。

李比希就这样与发现一种新元素"擦肩而过"。李比希痛心疾首，他将那瓶写着"氯化碘"标签的液体视为自己不严谨的研究态度的象征。为了告诫自己，他把瓶子放在柜子最醒目的位置，在柜子外面贴上"错误之柜"的标记，以便提醒自己：科学研究容不得一点马虎和懈怠。

1873 年 4 月，李比希在德国慕尼黑去世。

有人统计过，在诺贝尔化学奖前六十位获得者中，有四十二位是他的学生的学生。这从一个侧面也反映明了李比希这位科学家、化学教育家对后世的巨大影响。

----

① 波拉德（Antoine Jerome Balard，1802—1876），又译巴拉尔。法国化学家。1826 年发现新元素溴。

凯库勒

Friedrich Kekule

姓　　名：弗里德利希·凯库勒（Friedrich Kekule）

出 生 地：德国达姆斯塔特

生 卒 年：1829—1896

主要贡献：苯的环状结构学说，有机化学价键理论

主要著作：《苯衍生物化学》《有机化合物结构研究》

在德国吉森大学李比希培养的众多科学家中，凯库勒是最有名也是科学成就最大的一位。凯库勒对近代有机化学结构的研究，结束了有机化学理论方面的混乱局面，特别是他对苯环基本结构的构想为人们利用和研究芳香族化合物开辟了崭新的途径，具有里程碑式的意义。

■ 在法庭上感受了化学的魅力

1829 年，凯库勒出生在德国黑森州的达姆斯塔特，——后来成为他的导师的李比希也出生在这里。从小，凯库勒就是一个聪明并且喜欢学习的孩子，上中学时，他已懂四门外语。除了外语，凯库勒还酷爱建筑，立志长大以后一定要当一名出色的建筑大师。

吉森大学是德国当时最为著名的大学之一，学校学风淳朴自由，校园美丽，更令人向往的是这所大学汇聚了一批知名度极高的科学家、教授。当时的吉森大学实行选课制，学生可以不受专业的限制，自由选择喜爱的教授听课。对于那些莘莘学子而言，吉森大学是他们梦寐以求的学府圣地。十八岁时，凯库勒以优异的成绩进入吉森大学成为一名建筑专业的学生。

其实在上大学之前，凯库勒就已显露他的建筑天赋，他曾为达姆斯塔特设计过三所房子，当时便令人刮目相看。家人和他自己都深信他的建筑大师梦想一定能够实现。因此在考入吉森大学建筑专业后，他便以惊人的速度修完了建筑专业的十几门必修课，数学、几何学、制图、绘画等各门成绩都很突出。

年轻的凯库勒正大踏步地迈向自己建筑设计大师的道路上时，发生在黑森州法庭的事件却改变了凯库勒的人生轨迹。

黑森州的赫尔利茨伯爵夫人在一场火灾中丢失了一枚宝石戒指，而这枚戒指事后却出现在伯爵夫人的仆人手里。仆人拒绝承认偷窃，声称自己很早以前就拥有这枚戒指。于是，这起盗窃案件在黑森州法庭进行了审理。偶然的机会，凯库勒旁听了法庭的这次审理，但没有想到的是坐在旁听席中的凯库勒却看到吉森大学大名鼎鼎的李比希教授也来到了法庭，原来李比希教授是这宗案件的鉴定专家。

审理过程中，只见李比希教授手里拿着一枚戒指，举起展示给大家观看。戒指正面镶着两条互相缠绕的金属蛇，一条赤金蛇，一条白金蛇，戒指上的金属蛇惟妙惟肖，精美异常。李比希教授当众测定了金属的成分，然后缓缓地站起身，用一种平和而又坚定的语气，对着台下的听众说道："戒指上的白色金属蛇是金属铂制成的，也就是所谓'白金'。但是，白金从 1819 年起才逐渐用于首饰制作之中，而伯爵夫人的侍仆却说，这个宝石戒指从 1805 年就在他手中，显然他在说谎！"

李比希教授清晰的逻辑分析、确凿的实验鉴定，使嫌犯最终供认了盗窃戒指的犯罪事实。旁听了盗窃案件的整个审理过程，凯库勒对眼前这位早有耳闻的李比希教授产生了由衷的敬佩。其实，凯库勒此前就知道李比希教授的大名，在同学的撺掇下也曾听过几次李比希教授的化学讲座，不过凯库勒当时对化学毫无兴趣，他并不愿在自己不喜欢的事情上浪费精力和时间。

这次案件的审理，促使凯库勒改变了初衷，决定去听听李比希教授的化学课。没想到在课堂上，李比希教授那满脸轻松的神态，风趣、幽默的语言，以及缜密的思维、广博的知识，让凯库勒一下子进入到一个全新的且充满神奇的科学世界。

从此，凯库勒就常常走进李比希教授的化学课堂，逐渐对化学这门学科产生了空前的兴趣，他甚至决定放弃自己喜欢的建筑学，转学自己更喜欢的化学专业。但家人们坚决反对他的想法，逼迫他从吉森大学退出，转到达姆斯塔特的高等工艺学校就读。但是，无论是在吉森大学还是在高等工艺学校，凯库勒坚信，自己未来的前途一定是从事化学专业，因为命运里有一种机遇叫缘分。就在他转学不久，便遇到了另一位化学老师，这位教师就是磷安全火柴的发明者之一弗里德里希·莫尔登豪尔，他也是李比希教授妻子的亲戚。凯库勒在这位老师的指导下，继续进行化学学习和化学实验，并熟练地掌握了多种化学分析方法。终于，凯库勒的亲人们被他致力于化学研究的决心所感动，同意他重返吉森大学继续学习。1849 年秋天，凯库勒重新回到吉森大学，加入李比希实验室。在李比希教授的精心引导下，凯库勒从此迈进了化学领域，并为化学的发展无悔地奋斗了终身。

■ 奠定经典有机化合物结构理论

1851 年，凯库勒在叔父赞助下，到法国巴黎自费留学。当时的法国，学术思想和科研水平都领先于世。虽然由于经济较为拮据，凯库勒在巴黎仅能维持最低的生活水平，但是凯库勒并没有被这些困难吓到，他精力充沛，利用每一分钟时间与一切机会，努力、顽强地进行着学习。在这期间，凯库勒将他研究的硫酸氢戊酯的成果写成他第一篇学术论文，并获得化学博士学位。

在巴黎，他听过杜马[①]讲授的有机化学，读过日拉尔[②]刚刚写成的《工艺应用化学专论》手稿，并结识了武慈。1854 年冬，凯库勒抵达伦

---

① 安德烈·杜马（J.B.A.Jean Baptiste Andre Dumas，1800—1884），法国化学家。创立通过测定物质气态密度计算原子量的方法，提出有机化学中的基团理论。

② 查尔斯·弗雷德里克·日拉尔（Charles Frederic Gerhardt，1816—1856），法国有机化学家。建立有机化学的同系列理论，在研究取代反应的基础上提出了"类型论"。他的理论和化学实验促进了有机化学的发展。

敦，在那里他又交往了威廉逊①和霍夫曼等人，与这些科学家的交流与讨论，让凯库勒了解了有机化学的现状以及有机化学理论上的混乱情况，这对年青的化学家凯库勒产生了强烈的影响。如他后来所说："我最初是李比希的学生，后来是杜马、日拉尔和威廉逊的学生，现在我不属于任何学派。"

1858 年，凯库勒担任比利时根特大学②的教授，并开始了他对有机化学的研究工作。

凯库勒投身于化学研究时，正是有机化学迅速成为化学主流的时期。化学家李比希和维勒提出了基团的相关理论；法国化学家日拉尔建立了有机化合物的"类型论"；化学家们认识到自然界存在着大量有机化合物，很多罕见的有机化合物在实验室被人工合成出来。这一系列的研究成果和合成的新物质，大大丰富了有机化学知识体系，但却始终不能和无机化学相媲美。有机化学界在发展中出现的混乱局面，究其原因，是无机化学研究中有道尔顿原子论作为理论指导，而当时的有机化学并没有这样权威的理论指导。缺少正确的理论指导，实践便不可避免其盲目性和混乱性。例如，仅仅是醋酸结构的表达方式，人们就使用了大约十九种之多。一种物质这么多种表示方法究竟谁是谁非？化学家们都不能说服对方，只能各持己见，争论不休，互不相让。

在根特大学开始从事研究和教学工作的凯库勒当时正准备重新编写一本化学教科书，他在收集资料和进行实验研究时，也深深地感到化学界的莫衷一是。为了提高化学家的理论统一性，凯库勒与武慈等几位化学家商讨并组织了第一届国际化学家大会。1860 年 9 月，在德国卡尔斯鲁厄，这个国际化学家交流的大会如期举行。会上，一百四十多位化

---

① 威廉逊（A.W.Willianson，1824—1904），英国化学家。最先合成了原酯，创立威廉逊醚类合成。

② 根特大学（Ghent University），位于比利时东弗兰德省省会根特市。1817年由荷兰国王威廉一世创办，是比利时学术排名第一的研究型大学。

学家在化学符号、原子和分子概念、化学命名法、化学反应当量等方面达成共识，解决了当时化学认识中存在的一些混乱问题，是一次成果显著的学术大会。

1857—1858年，凯库勒在一系列的论文里探讨了有机化合物最重要的元素碳。众所周知，自然界中的碳原子有别于其他元素的原子，很难以单个碳原子形式组成物质的分子。因此，凯库勒提出碳是四价的，多个碳原子可以互相结合成碳链，短链中碳原子个数较少，长链中可以包含成百上千个碳原子。在此基础上，凯库勒针对有机化合物的主干——碳链问题进行了集中研究，特别是苯的分子式结构。

■ 苯环结构在梦的启示中诞生

苯是1825年由英国科学家法拉第首先发现的，他将这种液体称为"氢的重碳化合物"。化学的分子概念和原子价概念建立之后，日拉尔等化学家通过研究确定了苯的相对分子质量为78，分子式为C_6H_6。但苯分子中碳的相对含量如此之高，苯的碳、氢比值如此之大，却使化学家们既感到惊讶又有些不解。苯分子只有六个氢原子，说明它的碳原子处于极不饱和状态，化学性质应该很活泼，但它却非常稳定，并不具有典型的不饱和化合物应具有的易发生反应的性质。苯的结构和不饱和有机物的结构不一样，这让化学家们遇到了难题。

于是，凯库勒集中精力研究这六个碳原子的"核"。在提出了多种开链式结构但又因其与实验结果不符而一一否定之后，1865年他终于悟出苯的碳原子应该是以闭合链的形式存在的。

凯库勒早年受过建筑师的训练，极富想象力和形象思维能力，他善于运用模型方法，把化合物的性能与结构联系起来。他的科学灵感使他在苯的研究中获得了重大的突破。后来他曾经这样回忆他是如何发现苯的结构的：

"我坐下来写我的教科书，但工作没有进展；我的思想开小差了。我把椅子转向炉火，打起瞌睡来了。原子又在我眼前跳跃起来，这时较小的基团谦逊地退到后面。我的思想因这类幻觉的不断出现变得更敏锐了，现在能分辨出多种形状的大结构，也能分辨出有时紧密地靠近在一起的长行分子，像蛇一样地动着。看！那是什么？有一条蛇咬住了自己的尾巴，这个形状虚幻地在我的眼前旋转着。像是电光一闪，我醒了。我花了这一夜的剩余时间，做出了这个假想。"

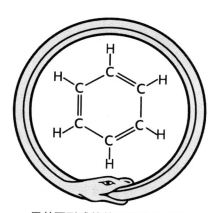

因梦而形成的首尾相连的苯环

凯库勒确认芳香族化合物的结构含有封闭的碳原子环，而不同于具有开链结构的脂肪族化合物，他画出了苯环单、双键的空间结构模型。最初，用六角形表示苯的结构式（1）；后来他又画了一个有单、双键的空间模型的草图（2）；最终，他把这一结构简化为（3）。

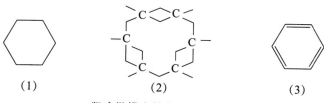

凯库勒提出的苯分子结构式

凯库勒的这一假说后来成为有机分子结构理论的基础。苯环结构的诞生是有机化学发展史上的一块里程碑，凯库勒认为苯环中六个碳原子是由单键与双键交替相连的，结合非常牢固，而且排列十分紧凑，以保持碳原子为四价。这一结构较圆满地解释了苯的特殊性质，从而打开了芳香族研究的大门。这种结构沿用至今，无以替代。

凯库勒对于 19 世纪以来有机化学界的贡献是巨大的。这里我们不妨总结一下他的近代有机化学结构理论的要点：

碳在形成化合物时总是四价的。

碳原子间彼此可以相互连接成链状的碳—碳键，它可以是单键、双键或三键。

了解有机化合物，既要知道它的分子式，也必须知道它的结构式，才能判定有机化合物的性质。

1867 年，凯库勒应聘成为波恩大学教授和化学研究所所长，1875 年当选为英国皇家学会会员，还被推选为法国科学院院士和国际化学会会员。此后，他又担任波恩大学校长和德国化学会主席。

凯库勒的一生成就卓著，他的《苯衍生物化学》《有机化合物结构研究》等著作在当时影响广泛。他不仅在有机化学领域独领风骚，同时他也是一位成功的教育家，培养出了诺贝尔奖获得者贝耶尔[①]等一批优秀化学家。

1896 年春天，素患慢性气管炎的凯库勒身染流行性感冒，病倒在床。这一年的 6 月 13 日，凯库勒在德国柏林与世长辞，享年六十七岁。

---

① 阿道夫·冯·贝耶尔（Adolf Von Baeyer，1835—1917）：又译拜尔。德国有机化学家。因合成靛蓝和对有机染料、芳香族化合物的研究做出重要贡献，获 1905 年诺贝尔化学奖。

门捷列夫

Dmitri Mendeleev

姓　　名：德米特里·伊万诺维奇·门捷列夫（Dmitri Mendeleev）

出 生 地：俄国托波尔斯克

生 卒 年：1834—1907

主要贡献：发现化学元素周期律，发表世界上第一份元素周期表

主要著作：《化学原理》

我们知道，丰富多彩的物质世界都是由元素构成的。迄今为止科学家们已经发现了一百多种元素，这些元素有着不同的性质，有的元素性质活泼，可以和其他元素形成多种化合物，有的元素则性质稳定，在自然界中主要以游离态存在。这些元素的颜色、熔点、沸点、比重、化合价、原子数都各不相同，它们是否存在着内在的联系和秩序？多年来众多科学家对此进行了不懈的探索。最终，发现元素性质变化的规律及其内在联系的伟业是由俄国的著名化学家德米特里·伊万诺维奇·门捷列夫完成的。

■ 来自西伯利亚的外省学子

在科学领域不断攀登，并取得彪炳后世的成果，对于门捷列夫来说是幸运的，但正如门捷列夫所言："没有加倍的勤奋，就既没有才能，也没有天才。"事实上，出生在大大落后于西方国家且封建农奴制尚存的俄罗斯，门捷列夫所遭遇的是更为艰辛而曲折的人生道路，甚至他还失去了许多应该得到的荣誉。

1834 年 2 月，门捷列夫出生在冰天雪地、寒冷异常的西伯利亚托波尔斯克市。家里兄弟姊妹十四个，他是最小的。他出生后不久，在中学教书的父亲因患白内障而双目失明，刚强能干的母亲接手了一家小玻璃厂维持着家庭的基本生活。门捷列夫十几岁时，父亲终因患肺结核而去世，母亲决心让门捷列夫像他父亲那样接受高等教育。

在小学、中学读书时，门捷列夫在数学、物理、历史课程的学习中便显示了他出众的记忆力和数学才能。他特别喜爱大自然，并善于在实践中学习。

中学毕业后，母亲送门捷列夫到莫斯科、圣彼得堡求学，因门捷列夫来自偏远的西伯利亚，而且又非豪门贵族，几所大学都拒绝这名外省青年入学。好不容易，通过父亲的老同学的帮忙，他才得以进入父亲的母校——圣彼得堡高等师范学院。母亲终于看到门捷列夫实现了上大学的愿望，但不幸的是，不久她便带着对儿子的祝福与世长辞了。

举目无亲又无家庭资助的门捷列夫把学校当作了自己的家，为了不辜负母亲的期望，他发奋学习。在大学一年级时，门捷列夫就迷上了化学，决心要成为一个化学家。1855 年，门捷列夫以第一名的优异成绩毕业于师范学院，取得教师资格，他的毕业论文《论同晶现象与结晶形状及其组成的关系》，获得了很高的评价。毕业后，他在敖德萨中学担任教师的同时，参加了圣彼得堡大学^①的硕士考试。

1856 年，圣彼得堡大学授予门捷列夫物理和化学硕士学位，批准他为大学化学教研室副教授，负责讲授化学基础课。1859 年，门捷列夫前往法国巴黎和德国海德堡留学。在海德堡大学^②，他遇到了当时鼎鼎大名的化学家本生^③，两人进行了交流。留学期间。门捷列夫集中精力对物理化学进行了潜心学习和研究，这些研究为他探索元素间内在联系打下扎实基础。值得一提的是，1860 年，身在德国的门捷列夫参加了在卡尔斯鲁厄召开的第一次国际化学家代表大会。这次会议上解决了许多重要的化学问题，并在确定"原子""分子""原子价"概念等方面达成共识，这为以后化学家测定元素的原子量奠定了坚实的基础。能够参加这次大会，对门捷列夫形成元素周期律的思想产生了很大的影响。

---

① 圣彼得堡国立大学（Russian St. Petersburg National University），俄罗斯最早的大学之一，始建于 1724 年。

② 海德堡大学（University of Heidelberg），德国最古老的大学之一，建于 1386 年。现有十二个学院，曾培养出二十七位诺贝尔奖获得者。

③ 罗伯特·威廉·本生（Robert Wilhelm Bunsen，1811—1899），德国著名化学家。主要贡献是发现元素铯和铷，发明光谱分析仪、本生电池和本生灯。

▉ 破译化学元素的"密码"

1861 年门捷列夫回到圣彼得堡大学，重新担任化学教学工作。

由于当时俄国的大学生们迫切需要一本能反映化学发展水平的教科书，因此门捷列夫决心着手编写概括化学基础知识的新教材——《化学原理》。

在筹备编写教材时，门捷列夫深深感到化学还没有牢固的基础，大学教授们都是按照自己认为最方便的顺序或者自己认为的逻辑方式来组织、讲解化学。甚至连化学最基本的基石——元素学说也是众说纷纭，莫衷一是，没有明确的概念。门捷列夫决心从当时已发现的六十三种化学元素这一角度去寻求规律，找到它们之间的内在联系。

从英国化学家波义耳提出化学元素的概念，奠定了近代化学的基础开始到 19 世纪中叶，已过去了二百年。在这二百年里人们已经陆续发现了六十几种元素，化学家们对这些已经发现的元素性质如元素的颜色，元素结晶体的形状、比重、熔点、沸点等，通过测定也有了充分的了解，同时化学家们还掌握了如何制取这些元素的方法，对元素形成的每一种化合物能否与酸、碱发生反应，怎样与氧气、氢气反应等都有了解。但是这些元素之间有没有内在规律可循？世界上到底存在多少种化学元素？怎样才能更直接、快速地发现新元素？这些问题一直困扰着人们。众多科学家为了寻求答案，多年来也进行了各种各样的探索。

1789 年，法国化学家拉瓦锡在《化学纲要》中对当时已知的三十三种元素进行分类，制作了第一张元素分类表。他将元素分为气体、金属、非金属、土质四类，这只是因袭传统的简单元素分类，并没有触及元素更为本质的特性。

1829 年，德国化学家德贝莱纳[①]在进行元素研究时就发现元素中存在着几组性质特别相似的三元素组。如锂钠钾、氯溴碘、钙锶钡、硫硒碲。德贝莱纳把这种性质相近的三元素组称为"三兄弟元素组"。

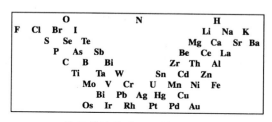

德贝莱纳的"三兄弟元素组"

1865 年，英国化学家纽兰兹[②]把当时已经发现的几十种元素反复进行排列，发现排在第八个和第一的元素性质相近，元素的性质存在着周期性的重复，每八个元素为一周期。他把这个规律形象地叫作"八音律"。可惜的是，他提出"八音律"后，并没进一步研究元素之间内在的联系。

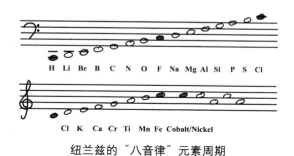

纽兰兹的"八音律"元素周期

当然，德贝莱纳和纽兰兹对化学元素周期规律的研究还没有将所有元素作为整体来进行分析与概括。

---

① 约翰·沃尔夫冈·德贝莱纳（Johann Wolfgang Döbereiner, 1780—1849），德国化学家。

② 约翰·亚历山大·雷纳·纽兰兹（John Alexander Reina Newlands, 1837—1898），英国分析化学家和工业化学家。

在元素周期规律的探索上，最为接近成功的是与门捷列夫同时代的德国化学家迈耶尔。1864 年他在《近代化学理论》（第一版）中发表了第一张元素周期表。表中列出了二十八种元素，它们按原子量递增的顺序排列，周期性地分成六个族，这六族元素相应的化合价呈现出明显的周期性变化，同族元素也具有相似性。四年后，在《近代化学理论》第二版中，迈耶尔又修订了他的第一张元素周期表，增加了更多的元素。

门捷列夫正是在这样的背景下，继承了前人的研究基础，开始了自己对化学元素规律的探索。

在研究过程中，门捷列夫做了很多纸卡片，每张纸卡片上标明已知元素名称、原子量、化合价等基本信息，然后梳理元素的化学特性和它们的原子特性，边梳理边对纸片上的数据进行修正、分析和概括。他反复排列着这些纸卡片，试图在这些元素复杂的特性里捕捉到它们的共性。但由于很多元素的数据本身存在着错误，同时还有尚未发现的元素，因此门捷列夫一次又一次探索，换来的却是一次又一次的失败。

倔强的门捷列夫没有屈服，也始终没有放弃，最终他在将元素的原子量重新测定的基础上发现了元素的某些规律。如果按照原子量的大小进行排列，他发现有些元素性质相似，但是原子量相差很大，而有些元素性质不同，它们的原子量反而相近。门捷列夫利用元素的原子量与性质之间的相互关系进行反复推演。

1869 年 2 月，一张较为清晰的化学元素周期表在三十五岁的门捷列夫头脑出现了。

在发表这个元素周期表时，门捷列夫大胆指出，按元素的原子量排列的话，一些元素公认的原子量其实并不准确。如金的原子量如果与锇、铱、铂的原子量大小排序，公认的是金应排在锇、铱、铂的前面，但在元素周期表中，门捷列夫却坚定认为，金应排列在这三种元素的后面。后来的原子量测定证实了门捷列夫的推断。

更为大胆的是，门捷列夫根据元素周期律排列规律，还为一些尚未发现的元素在周期表中预留了位置。比如，他预言在锌和砷之间还有两个未发现的元素，可以称之为亚铝和亚硅，甚至他还说明了两个未知元素的原子量、性质以及同别的元素结合而成的化合物。1875年元素镓的发现和1885年锗元素的发现，一一验证了门捷列夫天才般的判断。

门捷列夫和他的周期表成就了化学元素发现史上一座无人能及的高峰。他对化学元素"密码"的破译推动了人类科学的发展。

当然，门捷列夫的元素周期表也非尽善尽美，惰性气体家族一长串的元素在周期表上就没有位置，但惰性气体元素的发现反而证明了周期律的正确性！ 1913年，英国物理学家莫塞莱[①]研究了各种元素的伦琴射线波长与原子序数的关系，指出作为元素周期律的基础不应该是原子量，而是原子序数，莫塞莱这一观点至今沿用。

■ 成就卓越却受到冷遇

门捷列夫的科学发现轰动世界，得到世人普遍赞赏，门捷列夫成为闻名遐迩的卓越化学家。1882年，英国皇家学会授予门捷列夫"戴维金质奖章"，后来英国化学会又授予他"法拉第奖章"。许多国家的科学院、学会、大学纷纷授予他荣誉称号或名誉学位。

但在自己的祖国俄罗斯，门捷列夫却颇受冷遇，专制腐败的沙俄政府对于门捷列夫一直没有什么好感。虽然俄国科学界许许多多的化学家、物理学家都支持门捷列夫应成为俄国科学的最高领导机构——俄罗斯科学院的院士，但沙俄政府竟以门捷列夫性格高傲为借口，把他排斥

---

① 亨利·莫塞莱（Henry Gwyn Jeffreys Moseley，1887—1915），英国物理学家，原子序数的发现者。

在外。公布院士名单时，门捷列夫的名字却被另一位院士代替。俄国最伟大的化学家反倒不是俄国科学院的院士，这震惊了俄国社会，许多人士开始为门捷列夫慷慨发声。不久，圣彼得堡大学的学生开始公开游行抗议沙皇亚历山大三世对科学人士的不公平待遇，并提交请愿书。可是，当局不仅没有接受这份请愿书，反而派出许多警察镇压学生的抗议，抓捕了一些学生。

知道情况后的门捷列夫心灰意冷，在上完一个学期的课程之后，他愤然辞职，前往英国和德国学习。

几年后，门捷列夫返回国内，到国家海军科技部效力，可当局却没有给他合理的待遇，这让门捷列夫只能再次辞职。

面临毫无收入的情况，门捷列夫的生活变得更为窘迫，好在天无绝人之路，当时的俄国财政部部长十分欣赏他的才华，又了解了他生活状况后，便为他谋了一份官职，使六十岁的门捷列夫能够发挥自己的才干。

不过，对一个真正的科学家来说，为生计奔波而不是把时间花在科研上，这是极其无奈的。门捷列夫心有不甘，他更愿意把剩余不多的精力投入到无穷无尽的科学研究之中。他的姐姐曾劝他说："你已经对得起人类了，自己好好休息休息吧。"

晚年，门捷列夫埋头撰写自传，争取把自己的思想和研究成果以著作的形式留给后人。"不干工作我就不舒服"，这句话一直是门捷列夫的座右铭。

1901年，诺贝尔奖已开始评选，门捷列夫虽然三次被提名为化学奖的候选人，但却每次都与诺贝尔奖失之交臂。据说，当时评奖委员会对元素周期表的发明人存在争论，因而导致诺贝尔颁奖史上最令人震惊和遗憾的事情便是门捷列夫没有获奖。

无缘诺奖的荣誉虽然让后人愤愤不平，但丝毫不影响人们对这位伟大科学家的怀念。恩格斯在《自然辩证法》一书中曾经这样赞赏门捷列夫："门捷列夫不自觉地应用黑格尔的量转化为质的规律，完成了科学上的一个勋业，这个勋业可以和勒维烈①计算尚未知道的海王星轨道的勋业居于同等地位。"

1907 年 2 月，享有世界盛誉的俄国化学家门捷列夫因心肌梗死离开了人世，享年七十三岁。

---

① 于尔班·吉恩·约瑟夫·勒维烈（Urbain Jean Joseph Le Verrier, 1811—1877），法国天文学家，曾任巴黎天文台台长。他用数学方法推算出当时尚未发现的海王星的位置。

范托夫

Jacobus Henricus van't Hoff

姓　　名：雅可比·亨利克·范托夫（Jacobus Henricus van't Hoff）

出 生 地：荷兰鹿特丹

生 卒 年：1852—1911

主要贡献：碳价四面体学说，创立立体化学

主要著作：《化学动力学研究》

痴迷化学实验的少年

1852 年 8 月，雅可比·亨利克·范托夫（又译范霍夫）在荷兰鹿特丹出生。父亲是当地著名的医学博士，从小他就受到了父亲的学术熏陶。在读中学时，范托夫便对化学实验产生了浓厚的兴趣，甚至周末或者节假日都会偷偷地从学校地下室的窗户钻进实验室里做化学实验。他对各种化学实验充满了好奇，不断尝试，更是喜欢用一些易燃易爆有毒的危险试剂做实验。只是秘密没有被隐藏太久，有一天，他的这个小秘密被学校的老师发现了，老师非常生气，严厉地批评了他，认为他违反了学校纪律。范托夫向老师承认了错误，请求老师不要将这件事情告诉校长。老师经过一番考虑，还是决定把这件事告诉他的父亲。范托夫的父亲知道这件事情后，对自己孩子违反规定的行为感到很生气，但是他又从另一方面考虑到，这件事也反映出范托夫对化学有浓厚的兴趣，表明他是一个勤奋钻研的孩子，也不能过分地批评。为了防止儿子再犯类似的错误，这位名医决定把自己用不上的一间医务室腾出来让儿子去做实验。这样，范托夫的第一间实验室成立了，虽然环境很简陋，但是他很受鼓舞，充满了干劲儿。或许范托夫自己也没意识到，许多年后正是年少的这些兴趣成就了自己的未来。

那个时代的荷兰，显然不像英、法、德等国那样，人们对于化学普遍存在着偏见，对化学教育也极不重视。而逐渐长大的范托夫并未受到周围人的影响，他不改初衷，依然要践行自己的目标——成为一名化学家！但是他的选择受到了父亲的极力反对。十七岁，范托夫中学毕业，正是富有抱负的年纪，虽然他有些不甘心，但面对现实，他还是听从了父亲的安排。1869 年，范托夫在读大学之前，先到德尔夫特高等工艺学校学习了工业技术。因为成绩优异，他受到学校老师们的喜爱，尤其是化学教师和物理教师对他十分器重。范托夫在老师们的帮助和自己的努力下，用两年时间就提前学完了三年的课程内容。学校老师们的支持更加坚定了范托夫的选择，他决心投身于化学工作。

■ 创造性提出"不对称碳原子"新概念

1872 年，范托夫从莱顿大学[①]毕业，他非常想提升自己的化学专业素养，多次到德国柏林求学，后来著名的有机化学家凯库勒成为他的老师。第二年，在老师的推荐下，范托夫来到巴黎的武慈实验室深造。武慈是当时著名的化学家。经过武慈的指导帮助，范托夫和他的法国同学勒·贝尔进步都很快两人还成了好朋友。

19 世纪中叶，凯库勒和俄国化学家布特列洛夫[②]等人建立了有机化合物的经典结构理论。与此同时，更多的人开始发现有些有机化合物具有旋光现象。首先是法国人巴斯德发现了酒石酸、葡萄酸的左旋和右旋两种不同结构的旋光现象。之后，德国化学家威利森努斯[③]发现了乳酸

---

① 莱顿大学（Leiden University），欧洲著名研究型大学，荷兰第一所高等学府，成立于 1575 年。世界上第一个大学天文台、国际法体系、海洋法体系及心电图仪均诞生在这所学校。它还培养了十六位诺贝尔奖获得者及众多的哲学家、艺术家和政治家。

② 亚历山大·米哈依洛维奇·布特列洛夫（Aleksandr Mikhaylovich Butlerov，1828—1886），俄国化学家，化学结构理论的创立者之一，喀山学派的领导人和学术带头人。他对聚合作用的系统研究，为合成橡胶工业奠定了基础。

③ 约翰尼斯·威利森努斯（Johannes Wislicenus，1835—1902）：德国有机化学家。在立体异构领域有突出的贡献。

的旋光异构现象。这时候，在武慈的指导下，范托夫和好友勒贝尔^①也深入研究了某些有机化合物旋光异构现象。1874 年范托夫和勒贝尔分别提出了关于碳的正四面体构型学说。

伟大的时刻总是蕴藏在平凡之中。有一天，范托夫正在乌得勒支大学^②图书馆认真查阅着威利森努斯研究乳酸的一篇文章，他边看边写出了乳酸的化学式，仔细琢磨起来。当他把目光注视到分子中心的一个碳原子上时，他突然想到，假如把这个碳原子上的不同取代基都换成氢原子的话，那这个乳酸分子就变成了一个甲烷分子。这样一来，如果甲烷分子里的氢原子和碳原子都排在同一平面内，结果又会怎么样呢？想到这里，范托夫心里很激动，他赶忙离开了图书馆。走在路上，范托夫的思维仍然非常活跃，他不断猜想甲烷分子中的四个氢原子是否全部也能和碳原子排在同一平面内呢？惯于理性思维的范托夫知道，自然界中一切都趋向于最小能量的状态，只能是当氢原子均匀分布在一个碳原子周围空间时才能做到。如果是这样，那么怎样的结构才能满足呢？范托夫恍然大悟，它应该是一个正四面体！

这种结构应该就是排列方式！他进一步联想到，如果用四个不同的取代基换掉碳原子周围的氢原子，它们应该存在两种不同的排列方式。想到这些，他又重新飞奔回到了图书馆的位子上，找出刚才的化学式并在旁边画了两个正四面体，其中一个是另一个的镜像。他重新整理了一下思绪，发现物质分子空间结构与旋光特性的差异关系密切，这就是物质产生旋光异构的原因。范托夫认为，之前人们并不知道原子所处的实际位置，因此，原有的化学式不能够反映出某些有机化合物的异构现象。1875 年，范托夫经过大量研究，发表了《空间化学》，第一次提出

---

① 勒贝尔（Joseph Achille Le Bel，1847—1930），法国化学家。发现旋光性与分子结构之间的关系。

② 乌得勒支大学（Utrecht University），荷兰最古老的大学之一，也是世界著名的公立研究型大学。坐落于荷兰乌得勒支市，创办于 1636 年。

"不对称碳原子"这一新概念。

范托夫提出的分子空间立体结构的假说，犹如投入平静水面的石子，在化学界激起千层浪，人们开始注意到这一假说背后的深刻含义，大力称赞了范托夫这一伟大的贡献。德国化学家威利森努斯写信给范托夫说："您在理论方面的研究成果使我感到非常高兴。我在您的文章中，不仅看到了说明迄今未弄清楚的事实的极其机智的尝试；而且我也相信，这种尝试在我们这门科学中将具有划时代的意义。"威利森努斯很支持范托夫的假说，并且鼓励他把论文翻译成法文、德文等多国语言，以便让更多的人看到这一壮举。

但是这一新学说在当时并不被多数人理解，他们有的极其反对范托夫的观点。德国莱比锡的一位大学教授便在文章中尖刻地讽刺道："有一位乌得勒支兽医学院的范托夫博士，对精确的化学研究不感兴趣。在他的《立体化学》中宣告说，他认为最方便的是乘上他从兽医学院租来的飞马，当他勇敢地飞向化学的帕纳萨斯山[①]的顶峰时，他发现，原子是如何自行地在宇宙空间中组合起来的。"但是，这些负面言论不仅没有影响到范托夫的新学说，反而让更多的人了解到了这一新理论。那些看到抨击文章的人反倒好奇地对范托夫的学说产生了兴趣，并了解这一学说的正确性，越来越多的人知道了范托夫的新理论。

围绕范托夫假说的史翠珊效应[②]发生了。范托夫声名鹊起，不久后，范托夫就收到了阿姆斯特丹大学的聘书，邀请他担任讲师。1878年，范托夫成为这所著名大学的化学教授。

虽然当时的学术界对范托夫首创的"不对称碳原子"概念和碳的正

---

① 帕纳萨斯山（Mount Parnassus），位于希腊中部的山脉，滨临科林斯湾。古希腊神话中，帕纳萨斯山是太阳神阿波罗和文艺女神们的灵地。

② 史翠珊效应（Streisand effect）：试图阻止或积极反对让大众了解某些事物，或压制特定的信息传播，这样的行为可能使该事物或内容为更多的人所了解，形成适得其反的效果。

四面体构型假说评价不一，但事实证明，这个假说是立体化学诞生的标志。1878 年至 1896 年，范托夫一直在阿姆斯特丹大学工作，从化学教授到矿物学、地质学教授，再到化学系主任，他一直潜心研究认真教学，并集中精力探究了物理化学问题。对化学热力学与化学亲和力、化学动力学和稀溶液的渗透压及有关规律都做了相关研究。

1877 年以后，范托夫开始对化学动力学和化学亲和力问题进行研究。1884 年，范托夫的名著《化学动力学研究》出版，阐述了反应速度等化学动力学问题，也特别讲到了化学平衡理论和以自由能为基础的亲和力理论。

■ "物理化学三剑客"

范托夫以化学动力学为起点，广泛研究了热力学，尤其是关于稀溶液的渗透压问题。他将化学动力学同热力学和物理测定融合在一起，建立了物理化学的基础。但在这个过程中，范托夫也遭受了像建立立体化学时一样的困境。一个叫阿累尼乌斯[①]的大学刚毕业的瑞典年轻人，按照自己对溶液电导性的研究，提出了关于溶液电离的假说。这一新假说也是遭到了当时很多学者的抨击。阿累尼乌斯想寻求范托夫的帮助，便将自己的论文寄给了他。这时远在国外的范托夫读完论文后，很快便清楚了阿累尼乌斯的观点，同时受到了很大的启发。他的思路一下子打开了：对！是电离作用！范托夫认为，如果溶液中的电解质确实分解为离

---

① 斯万特·奥古斯特·阿累尼乌斯（Svante August Arrhenius，1859—1927），瑞典物理化学家。电离理论的创立者，发现阿累尼乌斯公式。1903 年因建立电离学说获得诺贝尔化学奖。

子，那么溶液中的粒子数就会增多。同样如果是由于粒子撞击半透膜隔层而引起的渗透压力，则很容易理解测量压力为什么会高于计算压力值。他完全赞同阿累尼乌斯的观点，并把自己的想法写成了论文并写信告诉了他。

德国科学家威廉·奥斯特瓦尔德①在看完范托夫发表的关于电解质溶液渗透压的文章后，专程来到阿姆斯特丹拜访范托夫，同他进行了长时间的交流。他们都认为阿累尼乌斯创造出的电离学说是一项了不起的发现。

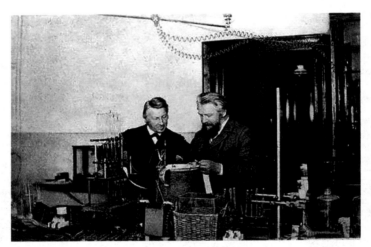

范托夫与 1909 年诺贝尔化学奖得主奥斯特瓦尔德在实验室

奥斯特瓦尔德对范托夫说："我认为，这是一个新理论的开端，它将会成为研究溶液特性的基础。而您本人的研究，将会证实和发展这个理论。"

他还倡议道："事业需要大家更紧密地进行合作，把一切力量都联合起来。"

———————————

① 威廉·奥斯特瓦尔德（Friedrich Wilhelm Ostwald，1853—1932），德国物理化学家，出生于拉脱维亚。物理化学的创始人之一。1909 年，因在研究催化、化学平衡和化学反应速度方面的贡献获诺贝尔化学奖。

在得知阿累尼乌斯将要来到阿姆斯特丹和范托夫一起合作实验时，奥斯特瓦尔德感到很高兴。1887 年 8 月初，三人共同创办的《物理化学杂志》第一期出版，标志着物理化学这一门新兴学科的诞生。范托夫同阿累尼乌斯、奥斯特瓦尔德突破国界和学科限制，精诚合作，并肩战斗，为开创新学科倾注了大量心血，他们被人们称为"物理化学的三剑客"。

范托夫病重后，阿累尼乌斯立刻来到柏林看望这位好友。当他看到范托夫这位坚强的科学家身在病榻，痛苦不堪时，他难过极了。阿累尼乌斯强忍泪水，依然为范托夫加油打气，鼓励他战胜疾病，然而这终究成了一种美好的愿望。

■ 获诺贝尔化学奖的首位科学家

范托夫一生致力于化学研究事业，取得了很多开创性成果，为化学的发展做出了突出贡献。这些成绩的取得与他小时候就对化学产生浓厚的兴趣有关，也和他在数学、物理学方面的造诣分不开，对化学实验的痴迷更是为他的发展打下了坚实的基础。他很重视实验，并且又能用数学思维去看待实验结果，善于用类比等逻辑推理从数学方程式中推导出一些新论断，这是他和当时绝大多数科学家不同的地方，也是他得以创立了物理化学新学科的独特方法。范托夫在创立立体化学的过程中，总是站在哲学的思维角度看待问题，结合他对模型方法和科学假说方法的深刻理解和灵活应用，他总是能比别人走得更远。

1885 年以后，范托夫就一直是荷兰皇家科学院成员，后来还当选为阿根廷皇家科学院、伦敦化学会、美国化学会及德国研究院的外籍成员，荣获多项殊荣。1901 年，诺贝尔奖首次颁发，范托夫幸运地成为第一个获得此殊荣的化学家。此后，范托夫还在美国、德国等国家多次获得荣誉博士学位。

范托夫以赤子之心奋斗终生，每天工作都超过十个小时。最终积劳成疾，年近花甲的他患上了当时的"不治之症"——肺结核，健康状况每况愈下，身体消瘦、呼吸困难，病情越来越重。朋友们多次劝他接受治疗，最后才获得他的同意。在柏林手术治疗期间，范托夫仍然忘我学习，躺在病床上也坚持每天看书、整理资料和写日记。当他情况稍微好一点，他就要求医生允许他回去工作，医生也被他坚韧的精神折服，允许他在精神状态好的时候去工作。一旦离开医院，范托夫就忘了自己身患重病，又开始废寝忘食地工作。

1911 年 3 月，范托夫不幸去世，享年五十九岁。他的去世震惊化学界，无数人悲痛不已。荷兰人民更是伤心欲绝，他们把范托夫的遗体火化，葬在柏林达莱姆公墓，将永远缅怀这位伟大的化学家。范托夫这一生很短暂，却又那么的不平凡，他用自己的执着和坚定为化学领域创造出一次又一次的辉煌，他用勤奋和汗水向世界诠释了化学的重要性。

哈 伯

Fritz Haber

姓　　名：弗里茨·哈伯（Fritz Haber）

出 生 地：德国布雷斯劳

生 卒 年：1868—1934

主要贡献：合成氨

主要著作：《工业气体反应热力学》《工业电化学的理论基础》

如果说，早期的科学发展总是与科学家个人的兴趣爱好以及探索精神更紧密地联系在一起的，与他人的矛盾冲突也仅是个人的性格或学术的争论，那么，随着近现代科学与社会日常生活的关系日益紧密，科学发现与发明对社会的影响、科学的社会价值或者说科学价值观便受到人们的普遍关注。前者的例子有戴维晚年由于个人的性格缺陷对自己提携的法拉第的嫉妒心理，而阿伏伽德罗分子学说的不被承认也仅限于学术观点的争论；后者的例子则是我们下面将要说到合成氨的发明者哈伯以及后文将要讲到DDT杀虫剂的发明者缪勒。

■ 极富才华的化学家

弗里茨·哈伯是德国的化学家、物理学家，1868年出生在德国西里西亚的布雷斯劳（现为波兰的弗罗茨瓦夫）的一个犹太家庭中。哈伯的父亲是一位商人，常年经营与染料、颜料和药物相关的生意，哈伯从小在这种化学味道浓郁的家庭环境中长大。他天资聪慧，好学好问，而且喜欢动手操作，家庭的熏陶和好学的天性使他注定与化学结缘。

长大以后，哈伯先后到柏林、苏黎世、海德堡求学，丰富的求学经历为他从事化学研究打下坚实基础。读大学期间，哈伯在柏林大学霍夫曼教授的指导下，写了一篇关于有机化学的论文，因此获得博士学位。1898年，在进入卡尔斯鲁厄理工学院①四年后，哈伯被提升为副教授，年仅三十岁。这一年，他的第一部著作《工业电化学的理论基础》问

---

① 卡尔斯鲁厄理工学院（Karlsruhe Institute of Technology，简称KIT）。德国著名理工类大学，有"德国的麻省理工"之称。1825年建立，坐落于德法边境名城卡尔斯鲁厄。先后有六位诺贝尔奖获得者及众多的科学家、企业家和社会名人在此学习深造。

世，在这部著作中，哈伯澄清了电化学中的一些错误认识，确立了电极电势的重要性，进一步提高了他的声誉。1906 年哈伯成为卡尔斯鲁厄理工学院的化学教授，1911 年担任柏林近郊的威廉物理化学及电化学研究所所长，同时兼任柏林大学教授。

哈伯开始从事电化学研究时，他的第一项成果是硝基苯在酸性溶液中的电解还原作用。在燃料电池、铁的电化学等方面的研究也是卓有成果。1902 年，哈伯作为德国化学界的代表参加了美国电化学会年会，他出众的才华和严谨的态度，给美国同行留下了深刻的印象。1905 年，哈伯的另一部著作《工业气体反应热力学》出版。这部被誉为"精确性和敏锐洞察力的典范"的著作，在热力学史上具有举足轻重的地位。

德国著名的有机化学家、农业化学之父李比希是哈伯最为崇尚的人物，事实上哈伯最擅长的也是有机化学，特别是化学工业。哈伯在 20 世纪初对合成氨的成功研制使人类摆脱了依靠天然氮肥的被动局面，加速了世界农业的发展。

■ 首位从空气中制造出氨的科学家

在 19 世纪以前，当时农业上还没有真正使用化肥，植物生长所需的氮肥，主要来自有机物的一些副产品，比如动物粪便、种子饼等。

化学家们从 18 世纪中叶开始对作物的营养学进行科学研究，至 19 世纪初期，流行着"腐殖质"和"生活力"两种植物营养学说。19 世纪中叶，德国的李比希出版《化学在农业及生理学上的应用》一书，创立了植物矿物质营养学说和归还学说，认为只有矿物质才是绿色植物唯一的养料，有机质只有当其分解释放出矿物质时才对植物有营养作用，作物从土壤中吸走矿物质养分必须以肥料形式如数归还土壤，否则土壤将日益贫瘠。李比希为化肥的诞生提供了理论基础。

1828 年，德国化学家维勒首次用人工方法合成尿素，打破了无机物与有机物之间的绝对界限，不过当时人们还未认识到尿素的肥料用途。此后英国人劳斯（L.B.Ross）制成磷肥、氮肥，李比希发明了钾肥。直到 19 世纪中后期，化肥才作为一种产品投放市场。

随着农业的发展，对氮肥的需求量越来越大，当时人们制作氮肥的原材料使用的是含有丰富硝酸钠的硝石矿，但军事上生产炸药对硝石的需求量也很大，而硝石矿储量毕竟有限，所以，能否利用化学方法解决生产氮肥原材料问题，便成为 20 世纪初众多科学家需要研究的重大科研课题。

空气中氮气含量丰富，如果将空气中丰富的氮固定下来，转化为能够被利用的化合物，就能解决农业的化肥问题。利用氮、氢为原料合成氨这一途径，早在 1795 年，就有科学家在实验室里进行常压下氨合成的试验，后来又不断有人进行增压下的试验，结果都以失败告终。法国化学家勒夏特列的经历就是其中显著的例子。勒夏特列是第一个将合成氨从理论分析变成在实验室进行真实试验的人，但是，由于原料混合中混入了氧气，试验发生了爆炸，勒夏特列没有继续进行这一富有危险性和挑战性的试验。

不过，通过勒夏特列的平衡移动原理，人们知道了增加压强可以使反应向生成氨的方向进行，提高氨的产率[①]；反应放热，升高温度，反应则向合成氨的逆方向进行，不利于氨的合成；催化剂对反应有重要影响，温度过低会减慢反应速率，也会影响催化剂的催化效果。这一系列新认识为氨的合成试验提供了理论指导。

与哈伯同时代的能斯特[②]是当时的物理化学权威，对于氨的合成也

---

① 产率：某种生成物的实际产量与理论产量的比值。

② 瓦尔特·赫尔曼·能斯特（Walther Hermann Nernst，1864—1941），德国物理化学家、物理学家、化学史家。提出热力学第三定律，得出电极电势与溶液浓度的关系式即能斯特方程。

发表了自己的分析意见，他认为在高压条件下，氮气和氢气合成氨是可行的，他还为大家提供了分析、推算的数据。

哈伯吸取了他人的成功经验和失败教训，为了找到合成氨的最佳反应条件，他开始进行大胆的探索。合成氨的爆炸危险和屡屡失败，没有吓倒哈伯，他凭借自己在物理化学研究领域的扎实功底，决心攻克合成氨这一令人生畏的科学难关。

哈伯通过试验获得了很多有价值的数据资料，但是得到的某些数据与能斯特的计算结果并不相符，是相信权威还是相信自我？他经过反复进行实验检验，证实了自己所得数据的准确性和可靠性。哈伯在年轻的英国助手罗塞格尔[①]的协助下，设计出了一套适于高压合成氨的实验装置，并且完成了合成氨的工艺流程设计。流程中既包括获得氢气、氮气的过程也包括合成氨的过程。

虽然氮气和氢气在高温、高压及催化剂的条件下，能够合成氨气。不过，适合最佳反应的温度、压强的具体数据是多少？各种催化剂中哪种催化效果最好？哪些方法能够使氨气的产率提高等问题，都需要进一步实验论证。哈伯发扬锲而不舍的精神，一遍又一遍地进行试验和运算分析。

1908 年 2 月，经在德国担任枢密顾问的卡尔斯鲁厄理工学院化学系主任恩格尔（Carl Engler，1842—1925）的推荐，哈伯与德国化学工业的龙头企业巴斯夫公司[②]进行了接触，并签订了一份合作协议。在巴斯夫公司的资助下，哈伯与罗塞格尔添置了一批高压研究设备。以前，因担心实验装置承受不了，哈伯未敢把反应压强加得太高。现在有了设

---

① 罗塞格尔（Robert le Rossignol，1884—1976），英国化学家。哈伯制氨法的工艺师。

② 巴斯夫股份公司：全称是巴登苯胺苏打厂（Badische Anilin-und-Soda Fabrik，简称BASF SE）。德国化工企业，也是世界最大的化工厂之一。1865 年成立。

备，哈伯打算重点研究一百至二百个大气压下的氨的合成情况。

1909 年，哈伯的实验获得重大突破。哈伯得到的结果是：合成氨最佳条件是温度 600℃、200 个大气压、金属锇做催化剂。借助这样的反应条件，哈伯得到产率约为 8% 的氨气。

8% 的产率只能算差强人意，但在工业生产中会直接影响经济效益。哈伯又根据勒夏特列的平衡移动原理进一步实验，使反应气体在高压下循环加工，再将反应生成的氨不断地从这个循环体系中分离出来。同时，他还对原料气的循环工艺进行了整体调整，大大提高了氨的产率。这种设计后来被化学界称为哈伯法合成氨。哈伯法合成氨真正实现了利用空气中氮气成功合成氨气。

巴斯夫公司的总裁布伦克（Heinrich von Brunck，1847—1911）敏锐地意识到哈伯的工作具有极大的商业潜力，他立即购买了哈伯的专利，又委派公司研究部主任卡尔·博施[①]负责将哈伯的试验成果付诸大规模工业生产。巴斯夫公司耗巨资投入了大量的人力物力，博施领导的一百八十位化学工程师与一千多名助手，展开了工业合成氨的大会战。

三年后的 1913 年，一个日产三十吨的合成氨工厂在巴斯夫公司建成并投产，哈伯合成氨的设想终于在实际生产中得以实现。从此，合成氨工业迅猛发展，成为化学工业中的佼佼者。合成氨生产方法的创立，不仅开辟了人工固氮的新途径，更重要的是合成氨生产工艺的实现，推动了整个化学工艺的发展进程。合成氨的探索过程成为用正确理论指导实践、生产实践又推动科学理论发展的成功范例。

①　卡尔·博施（Carl Bosch，1874—1940），德国工业化学家。1931 年，因将哈伯发明的合成氨法实现工业化，与德国燃料化学家柏吉斯（Friedrich Bergius，1884—1949）分享诺贝尔化学奖。

■ 最受争议的诺贝尔化学奖得主

由于第一次世界大战的爆发，1916年和1917年的诺贝尔奖评选工作暂停了两年。1918年战后第一次评奖，诺贝尔奖评委会便把化学奖颁予了哈伯，以表彰哈伯法合成氨在工业生产的实用价值以及他对化学理论发展的助推作用。

但是这次颁奖却引起了巨大的争议，许多英国、法国的科学家反对诺贝尔化学奖授予哈伯。他们认为哈伯合成氨的科研进展直接促进了德国工业特别是军工产业的崛起，因为有了合成氨工业，氨产量剧增，德国就可轻易将氨气氧化为硝酸盐，保证了火药的生产。足够的军火储备使德国政府敢贸然发动第一次世界大战，使人类遭受了残酷的战争灾难。

而更令他们愤怒的是哈伯在第一次世界大战中的表现。1911年，哈伯离开卡尔斯鲁厄理工学院，担任威廉研究所所长之职，主要负责物理化学及电化学研究工作。1914年世界大战爆发，哈伯所在的研究所承担起战争所需的材料供应和军火研制工作，整个战争期间，他的研究

第一次世界大战中，士兵在使用毒气弹

哈
伯

113

所、实验室曾是德国军方重要的军事机构。德国军方依靠哈伯的方法合成氨气，将合成的氨进行催化氧化为硝酸，又与甲苯反应即制得三硝基甲苯，即烈性炸药TNT。除了研制烈性炸药，哈伯出于盲目的爱国热情，还积极研制战争毒气。他甚至错误地认为，施放毒气进攻敌人，是一种快速结束战争、缩短战时的好方法。哈伯担任德国化学武器研制、进行毒气战研究的负责人，在他的带领下，一种适合在战场上使用的氯气罐很快生产出来。

　　第一次世界大战是军事史上第一次大规模使用杀伤性化学毒剂，也是现代化学战的开始。战争本身就是残忍的，使用毒气化学战更使战争惨不忍睹。毒气战遭到欧洲各国人民的一致谴责。

　　哈伯这种非人道的行径遭到世界各国科学家们的痛斥，也让同为化学家的妻子为之羞耻，她力劝丈夫停止违反国际海牙公约①的化学毒气和化学战的行为，保持科学家应有的一份良知。哈伯夫人苦口婆心的劝导，并没有让满脑子充斥极端民族主义激情的哈伯改弦易辙，绝望的哈伯夫人一怒之下服毒自尽。

　　德国战败以后，哈伯的心灵受到很大震动，他对自己的行为追悔莫及。他说：我是罪人，无权申辩什么，我能做的就是尽力弥补我的罪行。通过对战争的反省，他把全部精力都投入到科学研究中。

　　但随着20世纪30年代希特勒的纳粹②政权上台，开始大肆驱逐、杀戮犹太人，具有犹太血统的哈伯同样遭到迫害。哈伯愤然辞去威廉研究所所长的职务，并公开反对纳粹的专制暴政。1933年，哈伯被迫

---

　　① 海牙公约（Convention de La Haye），也称海牙规则，是1899年和1907年两次海牙和平会议所通过的公约和声明文件的总称。其中有《禁止使用专用于散布窒息性或有毒气体的投射物的宣言》。海牙（Den Haag）是荷兰第三大城市，也是荷兰政府和议会及外国使馆、众多国际组织所在地。

　　② 纳粹（Nazi），中文音译自德文Nationalsozialismus的缩写，即德国社会主义工人党（National-Socialist German Workers' Party）。

离开德国，流落他乡，在离开祖国之前，他庄严声明："四十多年来，我一直是以知识和品德为标准去选择我的合作者，而不是考虑他们的国籍和民族，在我的余生，要我改变认为是如此完好的方法，则是我无法做到的。"

哈伯先在英国剑桥大学工作了一段时间，几个月后，以色列的科学研究所聘任他到那里领导物理化学的研究工作。但是在去以色列的途中，哈伯心脏病发作，于1934年1月29日在瑞士巴塞尔病逝。终年六十六岁。

纵观哈伯一生的遭遇，他给人们的启示是深刻的。科学成果是造福人类，还是在毁灭人类？科学家该有怎样的科学价值观，是利用自己的学识去推动人类的文明进步，还是丧失人性底线去助纣为虐？这些都引起人们的深深思索。

缪 勒

Hermann Joseph Muller

姓　　名：保罗·赫尔曼·缪勒（Paul Hermann Müller）
出 生 地：瑞士奥尔登
生 卒 年：1899—1965
主要贡献：发现了 DDT 的杀虫功效，1948 年获得诺贝尔生理学或医学奖。

一位科学家的发明立刻被现实社会所应用，并带来巨大的惊人效果，甚至这项发明还得到诺贝尔奖的殊荣，但仅仅过了二十多年，这项发明又因其对人类的伤害而被禁止。这样一种戏剧性的反转结局，在科学发展史上几乎是绝无仅有的。这就是瑞士化学家缪勒发明DDT（国内又称滴滴涕）的遭遇，——缪勒从一个普通的科学工作者到成为获得诺贝尔奖的英雄，然后又从神坛跌落；他发明的DDT从杀虫神剂、粮食生产的保护神到"臭名昭著"的环境污染物和人类健康的杀手。一项科学的发明与应用，关乎人类的健康福祉，也关乎生态环境的保护，这三者的关系如何协调，是令人不得不思索的问题。

致力于实际应用的化学家

1899年缪勒出生在瑞士索洛图恩州奥尔坦，他的父亲是瑞士联邦铁路的一名管理商业事务的职工。后来全家搬到了瑞士第三大城市巴塞尔，穆勒在这里上了小学和中学。虽然他从小就表现出了对科学的浓厚兴趣，但对上学不怎么感兴趣，学习成绩也很糟糕，比起书本上的知识，他更向往实际的科学应用。

十六七岁时，高中没毕业的穆勒辍学到一家农业化学公司当上了实验室的助理人员。第二年，积累了一定经验和技术的缪勒又跳槽到了另一家化学公司。折腾了两年，缪勒终于意识到，没有文化没有文凭显然是不行的，于是，1918年缪勒重返中学并通过了大学考试，1919年进入了巴塞尔大学①，学习化学兼攻物理和植物学。1925年他以优异成绩

----

① 巴塞尔大学（University of Basel），瑞士历史最悠久的大学，成立于1460年。是一所国际性的研究型公立大学。

获得博士学位。

1925 年，缪勒毕业后进入了瑞士巴塞尔的跨国制药公司诺华（当时叫基嘉公司）。在这家公司，缪勒干了一辈子。1946 年他担任公司副总裁，直至 1961 年退休。

进入诺华①公司，一开始，缪勒的研究内容是植物和人造染料，后来转向人造鞣剂。1935 年公司开始向纺织品保护剂和农药领域拓展，这期间穆勒研制出了一种不含汞的种子防霉剂。20 世纪 30 年代来，公司根据市场需求，指派缪勒全力研究开发新的杀虫剂。

瑞士巴塞尔的诺华集团总部

▇ 希冀造福人类的杀虫剂

在缪勒发明DDT之前的 20 世纪 30 年代，众多国家都面临着粮食

---

① 诺华（Novartis），是一家医药健康行业的跨国集团，世界三大药企之一。总部设在瑞士巴塞尔。1996 年由拥有百年历史的两家公司——汽巴-嘉基公司和山德士公司合并组成。

危机，漫天飞舞的蝗虫经常导致地里庄稼片叶无存，粮食歉收。更为可怕的是，体虱、跳蚤和蚊子等有害昆虫，又成为流行性传染病的罪魁祸首，夺取了不计其数的生命。

当时虽有多种杀虫剂，不过它们或者成本过高、价格昂贵，或者药效不持久且容易在害虫体内产生抗药性，而唯一廉价可用的砷化物杀虫剂又会毒害哺乳动物和人类。据说缪勒儿时的好友，就是因为误食喷洒过砷化物的蔬果死亡的。

有没有对人体无害，杀虫效果明显且价格低廉的药物呢？

正是怀揣着这样的美好想法，缪勒开始对害虫进行系统性研究，他发现昆虫和哺乳动物对于化学物质的吸收方式不同，因此他沿着这个思路尝试各种可能用于杀虫的化学合成物质。

前后近四年，失败了三百多次，他终于找到了这种名叫双对氯苯基三氯乙烷[①]——一种白色无味的粉末——的化合物。他将苍蝇放进涂有这种粉末的玻璃箱里，起初并没发生什么，但第二天早上，苍蝇全都死了。

其实，这种双对氯苯基三氯乙烷的物质早在 1874 年，就被奥地利人蔡德勒[②]合成出来，但遗憾的是，他并没有进一步探究这种物质的实用价值。而几十年后，怀着寻求杀虫剂科研目的缪勒在合成出这种物质后，肯定就不会放过对这种合成物用途的测试。反复的测试结果表明，DDT 无论对侵害庄稼的蝗虫、白蛉等害虫，还是叮咬人类传播疾病的蚊子、体虱和跳蚤都有惊人的杀灭效果。而且，这种物质容易合成，性质稳定，成本廉价，对人类似乎也是无害的。缪勒称这种化合物为 DDT。

---

① 双对氯苯基三氯乙烷（Dichlorodiphenyltrichloroethane），英文简称 DDT，中文称滴滴涕。化学式：$(ClC_6H_4)_2CH(CCl_3)$。

② 奥特玛·蔡德勒（Othmar Zeidler），奥地利化学家。1874 年，在大学读书期间合成出双对氯苯基三氯乙烷。

不过缪勒并没有因此而止步不前，在接下来的三年，他继续研究，反复检验，精进工艺，制备出了更多的DDT的衍生物。

◼ DDT的兴起

1940年3月，诺华制药公司获得了制造DDT杀虫剂的专利。1942年，DDT首次作为杀虫剂产品投放市场。但上市伊始，这种生产简单、价格便宜、便于储存、效果极好的杀虫剂，并没有获得应有的成功。真正让DDT名声鹊起的是第二次世界大战期间，盟军[①]对这种杀虫剂的应用。

1943年，意大利的那不勒斯被盟军占领。随着冬天的到来，斑疹伤寒又流行开来，人们开始陷入恐慌。防止斑疹伤寒传染的最简单方法是，让病人在进入医院时脱去身上的衣服然后洗澡，并且将有病菌的衣服进行焚毁，然而，当时盟军根本无法承担进行这种措施的能力。最终，盟军依赖DDT的威力，让所有人排队喷洒DDT制剂。不久，令人惊奇的结果出现了，人们身上的虱子消失了了，环境中的蚊子也不见了，斑疹伤寒得到了有效的控制。这是人类历史上第一次制止斑疹伤寒在冬季的流行，而他们使用的武器仅仅是价格低廉的DDT化学制剂。

此后，英美等国政府均将DDT添加到了军队供应清单中。第二次世界大战期间，DDT的应用挽救了数百万人的生命，它的杀虫效果得到人们的普遍认可。

战后，DDT被广泛应用于各地区及各领域。

据统计，由于使用了DDT等化学农药，减少了病虫害，挽回的粮

---

① 盟军，指第二次世界大战中同盟国的军队。1942年，英美苏中等二十六国家签署了《联合国家宣言》，标志着国际反法西斯同盟正式成立。

食损失占每年粮食总产量的百分之十五到三十，相当于十多亿人一年的口粮。

在有效杀灭蚊蝇、体虱等害虫，从而减少疟疾、伤寒等的发病率和死亡人数方面，DDT的效果也十分显著。1945 年，印度疟疾感染大约七千五百万人，致死八十万；而到了 60 年代初，病例数量已降低到每年约五万。希腊疟疾的病例数，也从每年的一两百万下降到几乎为零，其效果是惊人的。特别是在一些地处赤道附近的热带国家，天气闷热潮湿，非常适合蚊蝇繁殖；再加上这些国家经济水平落后，资源匮乏，卫生条件差，因蚊蝇传染的疫病肆虐。对于这些国家而言，DDT更是不可或缺，DDT以其稳定性、脂溶性、药效普适性等特点，在这些国家被大量生产，普遍使用。

DDT 的大量使用

由于DDT不仅药效可以持续很长时间，而且消灭害虫又具有广谱性，因此，当时的人们将之称为"万能杀虫剂"。缪勒曾经不无自傲地说，第二次世界大战期间，有无数聪明的化学家想找出比DDT更好的杀虫剂，但他们都失败了。

需要指出的是，在此期间，DDT的使用对人类来说是安全的，并没有观察到毒性副作用。

1948 年，缪勒因发现DDT及其化学衍生物对害虫有剧烈毒性而获得了诺贝尔生理学或医学奖。但是，随着DDT被人们大规模的使用，对DDT的评价也开始反转。

DDT带来的思考

1962年美国自然文学作家蕾切尔·卡森[①]经过多年的调查走访，出版了《寂静的春天》一书。书中描绘了遭受包括DDT在内的杀虫剂破坏的大自然的情景："天空无飞鸟，河中无鱼虾，成群鸡鸭牛羊病倒和死亡，果树开花但不能结果，农夫们诉说着，莫名其妙的疾病接踵袭来。总之，生机勃勃的田野和农庄变得一片寂静，死亡之幽灵到处游荡……"

《寂静的春天》的作者蕾切尔·卡森

---

① 蕾切尔·卡森（Rachel Carson，1907—1964），美国自然文学作家，生物学家，著名的环保运动发起者。约翰霍普金斯大学生物科学硕士毕业。1962年出版纪实文学作品《寂静的春天》（Silent Spring），影响深远。她的其他作品还有《海风下》《我们周围的大海》《海之滨》等。

此书问世引起社会强烈反响，并引发了现代环境保护意识的觉醒。

虽然缪勒发明DDT的初衷是用来杀灭害虫的，但科学家们经过多年的研究发现，DDT在杀灭害虫的同时，还消灭了其他的生物；DDT的化学性质稳定，进入自然界后难以分解，会沿着食物链向上不断递增，最终富集在植物和动物组织里，破坏或者改变遗传物质DNA的结构；DDT作为一种亲脂疏水的有机物，对于人类而言，会进入人体的脂肪细胞中储藏起来，影响人体荷尔蒙的分泌；此外，大自然的生态循环，也将DDT带到了世界每一个角落，甚至南极企鹅的血液和珠穆朗玛峰雪水中都能检测到DDT。

DDT受到的指责越来越多，美国民众甚至掀起了一场要求全面禁止DDT的游行抗议运动。迫于社会压力，20世纪70年代，美国专门设立环保署，开始关注环境污染与保护问题；同时世界各国也相继出台了禁止生产获销售DDT的法律法规；我国政府也于1985年明令全面禁止使用DDT。

从缪勒1936年发明DDT，到1948年因此获得诺贝尔奖，再到70年代DDT被全球多国禁用，短短的二十多年时间，对DDT普遍的赞美竟变成了深深的恐惧，发生如此跌宕起伏的命运转折，对于热爱大自然的DDT发明者缪勒来说不啻一场巨大的打击。

客观而言，DDT刚盛行时曾经大幅度提高了农作物的产量，也有效地遏制了传染病的流行，对于数以亿计的人们而言，其拯救生命的意义是大过其危害的。我们可以举斯里兰卡作为例子，1948年未使用DDT的斯里兰卡，每年约有一百万新增疟疾患者；使用DDT后，每年新增疟疾患者减少到1963年的十八个，而停用DDT后，斯里兰卡国内疟疾患者一年内便又猛增长几十万人。

事实上，至今仍有二十几个疟疾肆虐的贫穷国家使用DDT，因为在对抗疟疾方面，廉价有效的DDT有着无法替代的作用。

DDT作为历史上第一个人工合成且强力高效的有机杀虫剂，其在农业和卫生领域曾经有过的辉煌，既昭示了此前用天然的、无机的农药来防治害虫历史阶段的结束，也警示了此后全球研制有机合成农药以及其他人工合成化学品对人类与环境的影响。

正如恩格斯在《自然辩证法》中所说："我们不要过分陶醉于我们人类对自然界的胜利。对于每一次这样的胜利，自然界都对我们进行报复。"人类战胜自然的历史应该是人类学会如何与自然和谐相处的历史，也是如何恰当地利用科技的历史。

科学家缪勒和他发明DDT的遭遇对于我们的启示是深刻的，也是意义久远的。

科　里

Elias James Corey

姓　　名：伊莱亚斯·詹姆斯·科里（Elias James Corey）

出 生 地：美国马萨诸塞

生 卒 年：1928 年出生

主要贡献：逆合成分析理论，计算机辅助有机合成方法

主要著作：《化学合成的逻辑》

在有机合成化学领域，逆合成分析法出现以前，一项有机合成的实验是否能够成功，并没有指导实验的方法论，在很大程度上取决于化学家的智慧、经验，甚至还要有些小小的运气，因而有机合成的实验成功率并不高。但在美国化学家伊莱亚斯·詹姆斯·科里发明并提出系统化的逆合成概念后，合成设计变成了一门可以学习的科学，而且可以利用计算机辅助编制合成路线的设计程序。在塑料、颜料、染料、人造纤维、杀虫剂、药物等许多方面，化学的有机合成变得更简单易行。

所以人们把科里誉为"有机合成化学的宗师级人物"。

■ 一颗小药丸改变了他

1928年，伊莱亚斯·詹姆斯·科里出生在美国马萨诸塞州的梅休因（Methuen）。据说，他的祖辈是来自黎巴嫩的移民。科里出生不久父亲就去世了。为了纪念父亲，他母亲把科里的名字威廉改为伊莱亚斯。

十六岁，科里进入马萨诸塞州理工学院[①]学习。刚一开始，科里在大学学的是建筑专业，后来被化学吸引，改学了化学。1948年他获得学士学位。

科里曾经在回忆中说起自己为何选择化学并对化学如此痴迷的原因。原来，科里四岁时得了一场重病，可怕的病魔将他推向了死亡边缘，但是神奇的药物却将他从死神的手中抢了回来。虽然当时他的年纪很小，但小小药丸里所蕴藏的神奇力量让他感到震惊而且充满了好奇，

---

① 马萨诸塞州理工学院（Massachusetts Institute of Technology，简称MIT），国内一般称"麻省理工"或"麻省理工学院"。是一所以顶尖工程学和计算机科学而闻名的私立研究型大学。1861年创立，培养了九十三位诺贝尔奖获得者。

从那以后他就对化学产生了兴趣。

在麻省理工毕业后，科里跟随伊利诺伊大学[①]化学教授们从事盘尼西林的合成工作，并于 1956 年成为伊利诺伊大学教授，此时他刚满二十七岁。主要在不对称合成、新型有机合成反应的开发、酶化学等方面开展研究。

1959 年科里被招入哈佛大学[②]化学系担任教授，直至退休。科里培养了众多的科技人才，世界上有许多大学教授和制药公司的研究员均出于他的门下。在美国的有机合成化学界甚至有"科里学派"的说法。

■ 把合成艺术转变为合成科学

在谈及科里的科学贡献之前，我们不妨简单回顾一下有机合成技术的发展历史。

19 世纪 20 年代，德国化学家维勒首次使用无机物质人工合成了草酸和尿素。尿素的合成揭开了人工合成有机物的序幕。在此之前，人们普遍认为有机物只能依靠某种"生命力"在动物或植物体内产生，人工

---

① 伊利诺伊大学（University of Illinois，简称 UI 或 U of I），1867 年创建，是美国最具影响力的公立大学系统之一，其三所分校芝加哥分校（UIC）、厄巴纳-香槟分校（UIUC）、斯普林菲尔德分校（UIS）均为世界学术领先的高校。著名的以"庚子赔款奖学金"培养中国留学生的计划也是由伊利诺伊大学发起的。

② 哈佛大学（Harvard University），国内一般简称"哈佛"。美国本土上最古老的高等学府，也是一所享誉世界的私立研究型大学，拥有崇高的学术地位及广泛的影响力。始建于 1636 年，为纪念曾在建校初给予大力支持的约翰·哈佛牧师而名为哈佛学院。1780 年正式改为哈佛大学。迄今为止，哈佛大学共培养了一百五十八位诺贝尔奖得主和八位美国总统。

只能合成无机物而不能合成有机物。维勒的老师贝采利乌斯就曾写信给自己的学生维勒，不无嘲讽地问他能不能在实验室里"制造出一个小孩来"。

1845 年，德国化学家赫尔曼·科尔贝[1]用木炭、硫黄、氯水等无机物合成了酒精、甲酸、葡萄酸、苹果酸、柠檬酸、琥珀酸等一系列有机酸，还合成了油脂类和糖类物质。

到了 19 世纪后期，有机合成更加蓬勃发展，用人工方法合成了染料、香料、药物和炸药等。化学家们的一系列有机物合成实验，打破了多年来占据有机化学领域的生命力学说。

20 世纪 40 年代前，有机化学都是用传统的蒸馏、结晶、升华等方法来纯化产品，用化学降解和衍生物制备的方法测定结构。随着各种色谱法、电泳技术、高压液相色谱的应用以及自动化、计算机化等研究手段的运用，青霉素、维生素等越来越多的复杂分子被陆续合成。有机化学进入现代高速发展的阶段。

美国的著名化学家、1965 年诺贝尔化学奖的获得者伍德沃德[2]便以其精巧的技术，合成了胆甾醇、皮质酮、马钱子碱、利血平、叶绿素等复杂有机化合物二十多种，因此被称为"现代有机合成之父"。

一直潜心研究立体化学、有机化学理论的科里利用自己多年的研究成果和扎实的化学实验经验，在前人科学探索的基础上，在 20 世纪 60 年代成功创立了复杂有机化合物合成的路线设计方法，并因此获得 1990 年的诺贝尔化学奖。

---

① 科尔贝（Adolph Wilhelm Mermann Kolbe, 1818—1884），德国化学家，早期有机合成领域的重要人物。他提出的合成水杨酸的反应，成为后来阿司匹林被大量生产的基础。

② 罗伯特·伯恩斯·伍德沃德（Robert Burns Woodward, 1917—1979），美国有机化学家。在合成具有复杂结构的天然有机分子结构方面做出杰出贡献，被誉为"现代有机合成之父"。1965 年获诺贝尔化学奖。

科里的方法被称为逆合成分析法（retrosynthetic analysis），又叫切断法(the disconnection approach)，现在已成为有机合成路线设计的最基本、最常用的方法。这是一种可逆向的逻辑思维方法，它从剖析目标分子的化学结构入手，根据分子中各原子间连接方式（化学键）的特征，综合运用有机化学反应方法和反应机制的知识，选择合适的化学键进行切断，将目标分子转化成一些稍小的中间体；再以这些中间体作为新的目标分子，将其切断成更小的中间体；依次类推，直到找到所需合成原料（即合成子Synthon）的方法。

从伍德沃德获诺贝尔奖到科里获诺贝尔奖，时间仅仅过去了不足三十年，但合成化学的发展在这短短的近三十年里却发生了翻天覆地的变化。对于伍德沃德及在他获得诺贝尔奖之前研究有机合成的化学家们来说，有机合成实验成功与否，在很大程度上取决于化学家的智慧与经验，并没有实际的方法论指导，有机合成实验的成功率并不高。但是对于1965年以后的化学家来说，有机合成已然变成了一项更符合严密思维逻辑的科学过程，也更贴合科学本质的技术。有机合成领域的巨大进展，这个功劳显然应该归功于科里以及他提供给人们的体系健全且较更为易行的有机合成分析方法。这个方法在合成材料、医学医药等方面结出了丰硕的成果，为人类生活做出了突出的贡献。合成艺术转变成了有途径可循、有逻辑支撑的真正的合成科学。

运用自己提出的逆合成分析法，科里便成功地合成了多达百余种的天然化合物和五十多种药剂。

■ 计算机辅助有机合成

1967年科里发表名为《合成复杂分子之通用方法》的论文，标志着科里的合成理论的基本确立，在论文中他第一次将合成理论总结成七条合成定理。此后他在一系列的论文里，提出了逆合成分析法中专门使用的术语，如"反合成""转换""反向子""合成树"等，他还就他的理论体系中的转换分类、应用转换的选择原则和合成策略等进行了详细的阐述。

1969 年，以科里为代表的研究小组又发表了一篇题为《计算机辅助有机合成设计》的论文，提出了专门为逆合成理论设计的计算机软件系统，实现了有机合成分析中的计算机辅助编程功能。

计算机辅助有机合成路线设计，是将逆合成分析原理及相关原则、方法数字化，利用计算机的部分功能去弥补人类大脑的不完善思维，有力地辅助人类。虽然 20 世纪 60 年代科学界认为使用人工智能去进行有机合成的设计并成功运用，还需要很多年的发展和沉淀。但是随着新兴技术的出现，使用计算机编程来设计有机合成路线的领域迅速发展起来，各国科学家都开发出了符合自己的新程序如 ChemDraw、Scifinder等。

科里的合成方法理论和计算机辅助有机合成的方法开创了有机合成领域的新纪元。

怀揣对科学探索的无限热情，科里在化学领域辛勤耕耘了几十年。

科里曾经这样说过："任何奖项和荣誉都不应该成为人生唯一追求的东西。"作为哈佛大学的教授、一代宗师级的人物，科里认为科学家最大的成就不仅仅在于自己发现了什么，更在于能否将自己所积累的宝贵经验传给下一代，让他们同样具备发现问题、提炼观点的能力，掌握解决问题和将观点付诸行动的方法。令他自豪的是，他的学生中已经先后有两人获得了诺贝尔奖。

"化学是一门中间学科，可以和生物学、药学医学都产生关系，而且还有很大发展空间，在不远的将来，能为人类带来更多的益处。"

这是科里对化学发展的判断与希望。

白川英树
马克迪尔米德
艾伦·黑格

姓　　名：白川英树 (Hideki Shirakawa)

出 生 地：日本东京

生 卒 年：1936 年出生

主要贡献：合成高性能的膜状聚乙烯，获得 2000 年诺贝尔化学奖

姓　　名：艾伦·G·马克迪尔米德 (Alan G. MacDiarmid)

出 生 地：新西兰马斯特顿

生 卒 年：1927 年出生

主要贡献：有机聚合导体技术的研究，获得 2000 年诺贝尔化学奖

姓　　名：艾伦·杰伊·黑格 (Alan Jay Heeger)

出 生 地：美国艾奥瓦州苏城

生 卒 年：1936 年出生

主要贡献：半导体聚合物和金属聚合物研究，获得 2000 年诺贝尔化学奖

2000 年的诺贝尔化学奖授予了美国科学家艾伦·黑格、马克迪尔米德和日本科学家白川英树，以表彰他们有关导电聚合物的发现。跨学科、跨国籍的团队合作研究是这届诺贝尔化学奖的主要特征。

如果说导电聚合物的发现，对 20 世纪 80 年代以后的科学各领域特别是关乎民生的材料、电子和生物等应用成果的发展影响深远，那么，东西方科学家的通力合作以及他们在科学探索道路上的经历也是很有意义的部分。特别是白川英树这个具有东方文化背景的日本人的学术探索对于东方教育体制弊端的反映更具启示意义。

■ 当了十三年的助手

白川英树，1936 年出生于日本东京。他的父亲是一位军医，母亲是岐阜县人。岐阜县位于日本中部，是一个群山环抱，有着优美自然环境的地方，其中的高山市号称"小京都"，白川英树的小学与中学都是在高山市度过的。白川英树兄弟姐妹五人，母亲要同时照顾五个孩子，时常忙得焦头烂额。善解人意的孩子们便帮母亲分担家务，烧洗澡水常常是白川英树的任务。对木柴的燃烧，火焰的强弱，浸过食盐水的报纸在火中引起的颜色反应，都成为白川英树探索化学世界的起点。中学期间，白川英树曾在纪念文集中写了"如果能考上大学就想研究塑料"的作文。

据白川英树后来的回忆，小学时身近自然的兴味和中学理科教师的谆谆教导，对他选择基础研究的人生志向有很大影响。

1955 年白川英树从日本岐阜县县立高山中学毕业，考入东京工业大学化学系深造。1961 年获取学士学位后，即升入高分子化学系攻读研究生，并于 1966 年获得博士学位。毕业后白川英树被东京工业大学化学研究所高分子材料部门的神原周教授聘为助手。

白川英树

　　神原周教授是一位卓有成就的高分子材料学家，他合成的高分子材料由于其耐磨性被运用于许多步行电梯的传送带中。不过在日本国立大学的教育体系中存在着硬性呆板的退休制度，所以在白川当助手的第二年，神原周教授便退休离校了。

　　从 1966 年至 1979 年整整十三年，在论资排辈严重的日本公立大学里，勤奋努力工作的白川英树却一直没有得到任何提升，仍然是高校职级最低的一级——助手。虽然此时，白川英树受到齐格勒和纳塔的影响对乙炔聚合反应的研究取得了一些进展，并发表了学术论文，但未受到日本学界的重视。

　　1979 年白川英树被迫离开东京工业大学，应聘筑波大学材料系，才担任了副教授。

偶遇马克迪尔米德

改变白川英树人生命运的是在东京与美国科学家马克迪尔米德的一次偶遇。

1975 年，来自美国费城的宾夕法尼亚大学艾伦·G·马克迪尔米德到日本东京参加会议并进行学术访问。会上马克迪尔米德报告了他的研究工作，并展示了制得的无机聚合物(SN)x的金黄色晶体和薄膜。会议休息期间，白川英树与马克迪尔米德相遇，尽管两个人之前从未见过面，而且两个人的研究方向也不同，——一个研究有机聚合物，一个研究无机聚合物。——但聚合物的导电性却让两人进行了热烈的讨论与交流。

马克迪尔米德

在东京的实验室参观时，马克迪尔米德被弃放在楼道里的一堆既像塑料又闪着银光的薄膜所吸引。白川英树解释说，那是一个韩国留学生在做高分子聚合实验时，没听清规则和要求，失误后制造的废弃产品，放在那里作为失败的实例已经好几年了。马克迪尔米德对这堆"垃圾"产生了浓厚的兴趣，他提出将这些废品带回美国的请求，白川英树爽快地答应了。当然引起马克迪尔米德兴趣的不仅是这些废弃的物品，更让他着迷的是白川英树这个人以及他对高分子聚合材料的科学探索。马克迪尔米德热情邀请白川英树去美国宾夕法尼亚大学去做博士后研究。

1976—1977 年，白川英树赴美留学，在美期间，他与马克迪尔米德及加利福尼亚大学①圣塔芭芭拉分校的黑格教授合作，对聚乙炔进行掺杂研究。这项合作研究为他们获取 2000 年诺贝尔化学奖奠定了良好的基础。

横跨太平洋的合作

与白川英树合作的两位美国科学家，他们的学术经历相较白川英树显然就顺利多了。

艾伦·G·马克迪尔米德，1927 年出生于新西兰马斯特顿。二十三

---

① 加利福尼亚大学（University of California），简称加州大学。其前身是 1853 年建立的加利福尼亚学院（College of California）。现由美国十所著名公立大学组成，包括伯克利分校（UC Berkeley）、洛杉矶分校（UCLA）、圣地亚哥分校（UCSD）、旧金山分校（UCSF）、圣塔芭芭拉分校（UCSB）、尔湾分校（UCI）、戴维斯分校（UCD）、圣克鲁兹分校（UCSC）、河滨分校（UCR）、美熹德分校（UCM）。其中伯克利分校和洛杉矶分校累计诞生诺贝尔奖得主一百三十二位。

岁从新西兰大学毕业，获得硕士学位。1953年，马克迪尔米德留学美国，获得威斯康星大学①博士学位；两年后，他又获得英国剑桥大学博士学位，同年进入美国宾夕法尼亚大学担任教师。从1973年开始，他一直从事对导电无机聚合物(SN)x的研究。(SN)x是一种具有金属光泽的无机聚合物，能够结晶成纤维状。这些材料的导电性便是马克迪尔米德的研究方向。

　　而另一位合作者艾伦·黑格，1936年出生在艾奥瓦州的苏城(Sioux City)。黑格的母亲在他很小的时候就告诉他接受大学教育的重要性，因此，努力学习，进入大学对于艾伦·黑格来说是顺理成章的事。高中毕业后，他进入内布拉斯加大学学习，目标是成为一名工程师，那时他还没有想到一个人能把科学探索当成一种职业。一个学期下来，黑格感觉他并不适合做一名工程师。此后，现代物理学和20

艾伦·黑格

---

　　① 威斯康星大学(University of Wisconsin System)，创立于1848年，是一个由十三所大学、十四所社区学院构成的美国高校系统。狭义上专指威斯康星大学麦迪逊分校。威斯康星大学麦迪逊分校已有二十五位教授或校友获得诺贝尔奖。

世纪的科学成为黑格关注的方向。1961 年黑格获加州大学伯克利分校物理博士学位。1962 年开始任职于宾夕法尼亚大学物理系，1967 年升任物理系教授。黑格在有机及导电高分子材料与器件及低维物理领域进行了一系列的研究。1973 年，他发表了高导有机电荷转移复合物的论文。

1975 年，艾伦·黑格看到了一篇关于新金属聚合物——硫氮聚合物的文章，这种聚合物让他非常感兴趣，决定对这种神秘金属进行研究。当他得知，化学系的马克迪尔米德有硫氮聚合物的化学研究背景，于是艾伦·黑格与马克迪尔米德见了面，希望和他一起合作研究，两人一拍即合。也是在这一年，马克迪尔米德在东京与白川英树邂逅。

就这样，一个跨学科（化学、物理）、跨国籍（美国、日本）的研究团队便开始了通力合作。

■ 优势互补　誓夺诺奖

聚合物又称高分子化合物，是由碳、氢、氧、氮等元素组成的有机化合物，之所以称为高分子，是因为它的分子量可以从几千到几十万甚至几百万。而每个分子链都是由共价键联合的成百上千的一种或多种小分子构造而成，所以分子量极其高。正是由于化合物的分子量很高，因此这种高分子化合物具有一定的强度，从而也可以当作一种材料来使用。高分子材料一般被分成三类：橡胶、纤维与塑料。这三种材料自身的电阻都比较大，导电性很差。因此高分子材料如塑料就经常被人们用作绝缘材料，许多电器的插头、插座和电线都是利用了塑料的绝缘性质。那么，经过特殊的处理后，塑料等高分子材料，能否也具有像金属那样的导电性呢？也就是说，聚合物导电的原理是什么呢？

从理论上说，如果想要让塑料导电，就必须使物质的碳原子之间交替地包含单键和双键黏合剂，同时还必须经过掺杂处理，简单而言就是通过氧化或还原反应移去或导入电子，一般的做法是加入"掺杂剂"，如钠、钾或碘、溴等，这些额外的电子才能够沿着分子移动，塑料才能成功导电。导电聚合物实现从绝缘体到半导体、再到导体的转化，这种形态、性质的变化，其跨度是很大的，也极具难度。

而三位科学家进行的研究工作就是寻求改变的途径与方法。

事实上，导电聚合物的研究可以追溯到 19 世纪，当时的美国科学家就曾得到过一种具有部分导电性的物质。1958 年意大利化学家纳塔曾用组合的催化剂，通过乙炔聚合首次制得聚乙炔。聚乙炔是结构很简单的低维共轭聚合物。因此，从 20 世纪 50 年代有机半导体研究发端时，聚乙炔就受到众多研究者的瞩目。

白川英树在攻读博士学位期间便开始了对乙炔聚合反应的研究，但合成所得聚乙炔，是不熔不溶的粉末，结构不明且不稳定，难以对其性能和应用进行深入研究。经过反复论证和实验，他在得到半导体聚乙炔膜之后，便面临着如何提高聚乙炔膜导电性的问题。

与此同时，马克迪尔米德也经历着科学研究观念的转变。对于有机聚合物，科学界都是研究其可塑性、绝缘性以及柔性，而忽视其导电性。但如果以一种逆向思维的方式去进行新的尝试，或许会带来不一样的机遇，马克迪尔米德正是在将自己对无机聚合物的兴趣转向有机聚合物研究的过程中，看到了新的研究领域和科学发现的机会。

在三人的合作中，白川英树负责高结晶度适于掺杂的聚乙炔薄膜合成（他的方法后来被称为"白川合成法"）研究；艾伦·黑格和他的助手则提供聚乙炔导电的物理机制并负责掺杂实验材料的电气测试；而马克迪尔米德在无机电化学方面的经验，则为聚乙炔成为"有机合成金属"的实现支撑。在这次合作中，正是马克迪尔米德独具慧眼，抓住机遇，无比巧妙地将无机半导体掺杂技术应用于有机聚合物，使美国的无机导电聚合物研究方法与日本有机导电聚合物研究方法珠联璧合，实现了跨学科、跨国籍的优化组合，最大限度地发挥了每位科学家的特长。马克迪尔米德的桥梁作用是不可替代的。

在实验中，三位科学家利用无机半导体材料制造中的掺杂技术，让聚乙炔薄膜暴露于碘蒸汽中，使其发生氧化反应。据白川英树后来回忆，他们首先制得聚乙炔纯样品，然后再进行掺杂试验，经过了无数个日日夜夜的实验与失败，最终实验获得了重大突破。碘掺杂聚乙炔的导电性提高了七个数量级，具有接近金属的导电性，实现了第一个全有机导电聚合物。

三位科学家将他们的研究成果撰写成名为《导电有机聚合物的合成：聚乙炔的卤素衍生物》的论文，发表在英国皇家学会出版的刊物上，全面说明和剖析了他们的实验过程以及成功经验。

1977 年，在美国纽约科学院举行的国际学术会议上，白川英树当众演示了他们的发现：将灯泡和电流表连接在一张新型的聚乙炔薄膜上。打开开关，电流表的指针迅速发生旋转，小灯泡奇迹般地亮了起来。素来被认为是绝缘的塑料也能导电了！这一现象令与会的科学家们非常惊讶，甚至有人说：这是科研历史上十分罕见的、科学家可以自信地宣布"我发现了"的伟大时刻之一。

■ 开创新的领域　科技硕果累累

关于聚合物的重要性，英国皇家学会会长托德[①]曾经这样说过："什

[①] 亚历山大·罗伯兹·托德（Alexander Robertus Todd，1907—1977），英国生物化学家。在核苷酸和核苷酸辅酶研究方面有重大贡献，1957 年获诺贝尔化学奖。

么是化学对社会的最大贡献？我认为聚合物是化学对现代社会、对我们日常生活有最大影响的最大贡献。如果没有化纤，没有塑料，没有合成橡胶，我们的世界将完全是另一个样子。如果没有绝缘物，也就谈不上有电子学，而所有这些都归结到聚合物。"

2000 年化学奖之所以颁发给艾伦·黑格、马克迪尔米德和白川英树，也是因为他们"在导电聚合物发展中的开创性贡献"。

碘掺杂使聚乙炔导电性提高千万倍的奇迹为有机导电聚合物的研究与应用开发翻开了新的篇章，各类导电聚合物的基础科学和工业技术部门也展开了实用领域的进一步研究。

导电聚合物材料具有密度小、加工成本低，耐酸碱腐蚀、耐较高温度，延展性良好，并且电导率可在十多个数量级的范围内进行调节等特点。具有优良性能的导电聚合物如今在现实生活中已经逐步取代多种金属材料和无机导电材料，成为材料领域不可缺少的一类新型材料，在国家安全、国民经济、工业生产和日常生活以及信息等各个方面都有极大的应用价值。

三位科学家在这次成功的合作之后，也在各自的领域取得了一系列的成就。

1982 年艾伦·黑格转任美国加州大学圣巴巴拉分校物理系教授，并担任该校为他成立的高分子及有机固体研究所的所长。1991 年他提出了用可溶性共轭聚合物实现高效聚合物发光器件的方法，为聚合物发光器件的实用开辟了新途径；1992 年他提出对离子诱导加工性的新概念，推动了兼具高电导和加工性的导电聚合物的发展，为导电聚合物实用化提出了新方向。此外，他还开创或参与了三家高科技公司的运作，体现他注重基础科研与应用相结合的理念。从物理学家到化学家，艾伦·黑格用自己的科研经历反映了现代科学发展的趋势：学科之间的界限已越来越模糊，多学科领域的交叉与合作将变得越发重要。

获得诺贝尔化学奖后，马克迪尔米德已经成为全球八所高校的教授或荣誉教授。而在科研领域里，他将主要精力投入到对导电聚合物的研究中，特别是在聚乙炔、聚苯胺、聚吡咯的合成以及加工工艺方面，他发表了大量的学术论文，同时，在科技应用方面，他率领的科研团队也是成绩斐然。

白川英树在美国完成博士后的进修以及与两位美国科学家的合作研究后回到日本，面对在东京工业大学做了十三年助手的尴尬处境，他选择了离开，到筑波大学研究液晶材料和导电聚合物，并担任副教授。1982 年他升任教授。在筑波大学，他取得了更多的科研成果。白川英树是一位科学信念坚定、治学严谨的科学家。只要是他认准的方向，即使不被理解，他也会毫不犹豫地走下去。2000 年 3 月，白川英树退休，成为筑波大学名誉教授，而正是在这一年的 10 月，传来了他与美国两位科学家共同获得诺贝尔化学奖的消息。

日本科学家赢得诺贝尔奖对于日本的震动是很大的。当东京工业大学的正副校长和化学系的负责人赶到白川家去祝贺时，面对当年在东京工业大学当助手十三年竟连副教授的职位都没有评上、只好应聘筑波大学的白川英树，这些人既欣喜又愧疚的复杂心情是很难描述的。

因此，白川英树的遭遇在当时引发了日本社会对僵硬呆板的教育体制和保守的人才培养、评价机制的反思与批判。

白川英树在获奖后的一些讲演中，也从科学研究的角度发表了自己的看法。他认为，科研要以基础理论为根本，对科研工作的评价不应以发表的论文数量为依据，片面追求论文数量。科研要坚持实验第一的传统。在人才评价方面，他主张采用美国式的同行客观评价，而不是日本式的颇有官僚气息的评价方式。

2001 年，日本政府提出了"50 年 30 个诺贝尔奖"的计划。时至今日，荣获诺贝尔奖的日本人已达到十六个，计划已经完成了一半！

可以说，白川英树不但在科学上推动了日本的科技发展，也带动了日本的教育制度和人才培养机制的进步。

附录一　课本中其他科学家简介

李时珍
（1518—1593）

　　李时珍字东璧，号濒湖，晚年自号濒湖山人，湖北省蕲春人。明代著名医药学家。

　　他出身于医生世家，祖辈是草药医生，父亲也是当时的名医，曾担任太医院的吏目。李时珍十四岁时考取秀才，此后，他三次赴武昌乡试未中，于是决心弃儒学医，钻研医学。李时珍继承家学，博览群书，上自经典，下及子史百家，边学习边为百姓治病。

　　1548年，因治愈了富顾王朱厚之子，他被聘为楚王府奉祠，掌管良医所。三年后，又被推荐上京任太医院御医。在太医院，他只任职了一年，便辞职回乡，创立东璧堂专门收徒讲学。

　　在李时珍行医讲学、遍览古典医籍的过程中，他发现古代本草药书中存在着众多的谬误和乖讹之处，决心重新编纂一部本草书籍。他以古籍本草的列目为基础，参考了八百多部著作，开始编纂《本草纲目》。为了求证其中涉及的各种草药的药理性质，他经常外出考察，足迹遍及

湖广、江西、直隶许多名山大川，弄清了许多疑难问题。历时二十七年编成了《本草纲目》一书，

　　《本草纲目》中将历代本草的精华及各种药物的历代发展概况进行了比较全面的整理和总结，"析族、分类、振纲、分目"。全书分十六部，共五十二卷，收载历代诸家本草所载的植物药、矿物药、动物药及其他药物近一千九百种。每种药首先以正名为纲，附释为目，并进行集解、辨疑、正误，详述产状和气味，说明主治病症和体用。

　　李时珍以自己的实践经验为基础，成功地运用了观察和实验、比较和分类、分析和综合等科学方法，特别是观察和试验，这是研究本草药的基本方法。李时珍对本草总是亲自采集、仔细观察，谨慎求证，才得出结论。

　　《本草纲目》内容极其丰富，是我国药物学的宝贵遗产，对后世中医药学的发展做出重大贡献。

侯德榜
（1890—1974）

　　侯德榜名启荣，字致本，福建闽侯人。中国著名科学家、化学家。中国近代化学工业的奠基人之一，也是侯氏制碱法的创立人。

侯德榜出生在福建省的一个普通农民家庭。十几岁时，得到姑妈资助在福州英华书院学习。1907年，他在上海学习了两年铁路工程后，在津浦铁路的工地上谋到一份差事。此后他边工作边学习，1911年以优异成绩考入北平清华留美预备学堂，并成为1913年清华学堂十六名赴美留学中的一个。1917年侯德榜在美国麻省理工学院化工科获学士学位，之后转入普拉特专科学院学习，获得博士学位。

1921年，侯德榜离美回国，接受国内永利制碱公司的邀聘，承担起续建碱厂的技术重任。30年代，他领导建成了中国第一座兼产合成氨、硝酸、硫酸和硫酸铵的联合企业；他在40年代发明的生产纯碱与氯化铵的新工艺，对新中国的化工工业发展起到极大的推动作用。

侯德榜在化学技术上的主要贡献是创立侯氏制碱法，也叫联合制碱法。

1861年，比利时人索尔维（Ernest Solvay，1832—1922）以食盐、石灰石和氨为原料，制得碳酸钠和氯化钙，这就是所谓的索尔维氨碱法（ammonia soda process）。这种方法实现了生产的连续性，食盐利用率高，产品质量纯净，因而被称为纯碱。但为了独享制碱技术成果，索尔维氨碱法的拥有者采取严格的保密措施。许多国家多年来为探究索尔维法的奥秘进行了各种研究。德国在这方面取得一定成效。1924年，德国研究出察安法制碱（Chaan method of alkali production）。此法工艺虽不理想，但食盐的利用率更高。20世纪30年代，侯德榜在永利公司筹建川西化工厂的过程中，因引进国外技术受阻，决心在索尔维氨碱法和察安法制碱的基础上，探索新的制碱方法。经过不懈的努力和各种各样的试验，40年代初，侯德榜终于创立了新的制碱工艺。这种工艺以氯化钠、二氧化碳、氨和水为原料，在制取基本化工原料纯碱的同时，其副产品氯化铵还可用作化肥，既节约了制碱的原料成本也提高了利用率。

因为这项发明，侯德榜一跃成为世界制碱业的权威。英国皇家学会授予侯德榜名誉会员称号，美国化学工程学院也聘请他作为荣誉会员。

侯德榜生前曾任中国化学会理事长、中国化工学会理事长。1974年，侯德榜在北京逝世。

张青莲
(1908—2006)

张青莲是我国著名的化学家，他对无机化学特别是同位素化学造诣颇深，是我国稳定同位素学科的奠基人和开拓者。1991年，他测得的铟原子量114.818±0.003，已被国际采用为新标准。主要学术著作有《重水之研究》论文集、《无机化学丛书》等。

张青莲是江苏省常熟县人。他在家乡上完私塾后，十四岁考入苏州的教会学校圣约翰大学附中。中学阶段，他的成绩优秀，原可免费从附中直升大学。但1925年上海发生"五卅惨案"，圣约翰大学的部分师生因抗议美籍校长侮辱中国国旗的行径，愤然离校创办了私立上海光华大学，出于爱国之情，张青莲毅然考入光华大学。在光华大学他只用三年半的时间，就读完了所需的学分。1931年，张青莲进入清华大学研究生院学习无机化学专业，并最终获得庚子赔款公费出国留学的机会。

在留学欧洲的三年中，张青莲在接受西方科学教育的同时，还聆听了包括诺贝尔奖获得者等许多权威科学家的讲座、学术报告，参观了著名的剑桥卡文迪许实验室和巴黎的居里镭学研究所。从国外留学的经历中获得的教益是极其丰富的，这对张青莲归国后献身科学事业，成为卓有成就的著名化学家和教育家产生了重要的影响。

　　抗日战争爆发后，张青莲回到祖国，主要从事化学研究与教学工作。他在同位素化合物的物理化学性质、动力学效应及同位素分离原理、同位素标准样品的研制等诸多方面，都取得令人瞩目的成就。发表的学术专著和论文多达百余部（篇）。1985 年他在《从事同位素化学研究工作五十年》的文章中，对自己半个世纪以来的科研成就进行了总结。

　　张青莲在大学里讲授过高等无机化学、稀有元素、复合物化学等基础课程，他在化学教育领域兢兢业业，辛勤耕耘，几十年来为中国无机化学的科研和教学培养了众多的人才。

普鲁斯特

（Joseph Louis Proust，1754—1826）

　　普鲁斯特是法国分析化学家，1754 年生于法国昂热。父亲是一名药剂师，在父亲的药房里，普鲁斯特学习掌握了基本的化学知识。此后

他到巴黎学习，并得到药剂师的资格。在西班牙卡洛斯五世的影响下，普鲁斯特迁居西班牙，在萨拉曼卡大学任化学教授。拿破仑入侵西班牙时，烧毁了普鲁斯特的实验室，并把他驱逐出境。1816 年普鲁斯特进入法国科学院工作。1826 年普鲁斯特在昂热逝世。

普鲁斯特的主要贡献是确立了定比定律。18 世纪中叶以来，拉瓦锡等许多化学家的著作中就已经出现化合物有固定组成的看法。然而，在普鲁斯特的时代化，学界流行的观点仍然认为化合物的组成是可变的，这个观念的主要代表人物就是克劳德·贝托莱（Count Claude Louis Berthollet，1748—1822）。普鲁斯特通过对碳酸铜、氧化锡和硫化亚铁的研究，发现其中的三种元素铜、碳和氧有着相同的比例。从而在 1794 年提出了定比定律，即对于一种特定的化合物，其中各元素的质量比例是一定的。1799 年，在广泛、系统的研究基础上，普鲁斯特更明确地阐述了这一定律。这一观点提出之后，遭到贝托莱的反对，两人之间进行了长达几年的大论战。贝托莱认为一切化合物的组成并非固定的，不同地方不同途径得到的化合物组成可以不同。而普鲁斯特认为每一种化合物的成分是固定的，在不同地方用不同方法得到的同一化合物，组成必定相同。

最终，普鲁斯特以确凿的实验数据说服了贝托莱。作为当时的权威化学家贝托莱，在事实面前大度地表示认输。普鲁斯特也真诚地表达了对贝托莱的敬意："要不是你一次次的质疑，我是很难把定比定律深入地研究下去的。"

定比定律连同这场争论一并被载入化学史册。

罗伯特·布朗

（Robert Brown，1773—1858）

　　罗伯特·布朗是英国的植物学家，出生在苏格兰的芒特罗兹。从小布朗便对植物有浓厚的兴趣，青少年时代就经常到苏格兰的山野里采集植物，制成标本。中学毕业后，他就读于爱丁堡大学医学系。大学期间，布朗的兴趣仍然在各种各样的植物上，他充分利用大学的图书馆和植物园对钟爱的植物学进行了深入研究。1793 年英法战争爆发，二十岁的布朗应征入伍成为一名军医。

　　战争结束后，布朗接受了一名自然学家的邀请，加入了前往澳大利亚沿海进行测绘和考察的团队。布朗在澳洲用了三年半的时间考察澳洲植物，搜集了三千多种标本，但由于船只归途中遇险，大部分标本丧失。布朗决定不随船回国，继续自己在澳洲的植物搜集。1810 年他出版了系统研究澳大利亚植物的著作《新荷兰的未知植物》。1827 年，布朗掌管的"约瑟夫博物库"成为大英博物馆的一部分，因此布朗也就成为大英博物馆植物标本库的负责人。

　　布朗在科学上的贡献是发现植物细胞内存在着一种特殊的结构即细胞核以及以他的名字命名的布朗运动。

　　布朗在研究从澳大利亚收集回来的植物时，利用高达三百倍的显微镜发现存在于植物细胞中的细胞核，而且植物的花粉，胚珠及柱头也同样存在细胞核。这为此后细胞学说的创立做出了一定的贡献。

布朗运动是指悬浮在液体中的花粉微小颗粒所进行的随机运动。这一现象是布朗在 1827 年研究花粉中的微粒和孢子在水中悬浮状态的微观行为时观测到的。布朗发现微粒的不规则运动，在其他微细颗粒如灰尘中也普遍存在，虽然他并没有能从理论解释这种现象。布朗运动揭示了普遍存在于自然界中的分子运动的奥秘，将不便观察的分子微观层面的运动与可以观察的宏观层面的运动紧紧联系在一起，建立了微观与宏观之间的桥梁，使人类的认识产生了大的飞跃。

丁达尔
（John Tyndall，1820—1893）

约翰·丁达尔是 19 世纪爱尔兰的物理学家。他出生于爱尔兰卡洛郡，父亲是当地一名警察。丁达尔在故乡读过小学（Ballinabranna Primary School），学过工程制图及数学，后来在这所学校里当助教。1839 年他在爱尔兰地形测量局工作，此后转到英国地形测量局。19 世纪 40 年代正是英国铁路大发展的时期，丁达尔开始从事铁路的设计工作。1848 年夏天，丁达尔前往德国马尔堡大学留学，在德国著名化学

家本生门下学习了约两年时间。回国后，丁达尔成为英国皇家学会物理学教授。

　　丁达尔在科学上的主要贡献是他对光的散射现象或称乳光现象的研究。1869 年，他在实验中发现，如果将一束汇聚的光通过胶体，从侧面（即与光束垂直的方向）可以观察到胶体里出现的一条发光圆锥体的"通路"，这种现象后来被称为丁达尔现象或丁达尔效应。丁达尔又对不同种类的分散系进行研究，结果发现其他分散系如硫酸铜溶液、氯化铁溶液中，并不能明显观察到这种现象。丁达尔的解释是光透过胶体（如氢氧化铁）时会产生明显的散射作用。而对于真溶液，虽然分子或离子更小，但因散射光的强度随散射粒子体积的减小而明显减弱，因此，真溶液对光的散射作用很微弱。丁达尔现象是判断和区分胶体与真溶液最简便的方法。

　　此外，丁达尔还发明了一种常压下分段灭菌的方法，也叫丁达尔灭菌法。

范德华
（Johannes Diderik van der Waals，1837—1923）

　　约翰尼斯·迪德里克·范·德·瓦耳斯通常被称为范德华或范

德·瓦耳斯，是荷兰著名物理学家。

范德华出生在荷兰莱顿市的一个木匠家庭，他是家里十个孩子中的老大。因家庭负担沉重，他仅仅接受了高级初等教育。此后他成为一名小学老师，并很快晋升为学校的教务主任。1862年，他开始在莱顿大学参加数学、物理学和天文学的讲座，1863年，荷兰政府创办了一所为中产阶级服务的新中学，范德华经过两年的努力自学，被聘为这所学校的物理教师。1865年荷兰改革了考试进入大学的规则，范德华通过资格考试，获得物理和数学博士学位。1877年之后，范德华成为阿姆斯特丹大学物理系教授。

范德华在科学上的重要成果是他对气体液化的研究。1873年，范德华发表了《论气态和液态的连续性》的博士论文，之后又发表了一系列的论文。在这些论文中，他提出了气态和液态的"状态方程式"即范德华方程。他认为，气态和液态这两种状态的混合体以一种连续性的方式混合，有着同样的特性，物质的气态和液态之间并没有本质差别。温度不在临界值之下的气体，是不能只通过改变压强将气体进行液化的。范德华方程以简单易懂、实用性强的模型凸显了流动性分子的突出特征，它使人们对气体压强、气体液化条件的认识达到了一个新高度。1880年，范德华在实验的基础上，又提出了著名的对应状态定律，人们依据这个定律能够预言气体液化所必需的条件。

范德瓦尔斯在计算他状态方程式时，假设不仅存在分子，而且这些分子大小有限，相互吸引。后来人们把分子间的作用力称为范德华力。

由于对气体和液体状态工程的深入研究，范德华获得了1910年的诺贝尔物理学奖。

勒夏特列

(Henri Louis Le Chatelier，1850—1936)

　　亨利·勒夏特列（又译勒·夏特利埃）是法国的物理化学家。他生于巴黎，祖父和父亲都从事跟化学有关的事业和企业，因此，勒夏特列从小就对化学发生兴趣。中学时代，他特别爱好化学实验，一有空便到祖父开设的水泥厂实验室做化学实验。大学期间，他先在巴黎洛林学院学习，后因普法战争而中途辍学。战争结束后，他转到巴黎综合工科学校专修矿冶工程学。1898年勒夏特列任法兰西学院矿物化学教授。1907年任法国矿业总监。1908年任巴黎大学教授。第一次世界大战期间，满怀爱国激情的勒夏特列出任法国武装部长。1936年勒夏特列在法国伊泽尔省去世，享年八十六岁。

　　勒夏特列在化学领域除了发明热电偶和光学高温计、提出用氧炔焰来焊接或切割金属之外，他最重要的贡献就是提出平衡移动原理即勒夏特列原理。这个原理的主要内容是，在化学反应中如果改变影响平衡的一个条件(如浓度、压强或温度等)，平衡将向阻碍这种变化的方向移动。如增加某一反应物的浓度，则反应向着减少此反应物浓度的方向进行；如增加某一气态反应物的压强，则反应向着减少此反应物压强的方向进行；如升高反应温度，则反应向着减少热量的方向进行，而降低温度，则反应向着生成热量的方向的进行；催化剂的使用仅改变反应进行的速度，并不影响平衡的改变。

勒夏特列原理为预测特定变化条件下化学反应的方向提供了规律，有助于化学工业生产的合理安排并减少浪费。德国化学家哈伯在合成氨的研究过程中就借助于这个原理，成功创立了独特的合成氨的方法。

茨卫特
（Michael Semenovich Swett，1872—1919）

茨卫特是俄国的著名化学家、生理学家。他的父亲是俄国人，母亲是意大利人。茨卫特在瑞士长大。1891年，他考入日内瓦大学数学物理系。在大学攻读期间，他对生物学、化学、物理学都产生了浓厚的兴趣。1896年，获博士学位后，茨卫特随父亲返回祖国俄罗斯。由于茨卫特是在国外获得的博士学位，不被俄国当局承认，因此难以谋得合适的教职，不得不在俄国获取新的学位。在圣彼得堡，茨卫特结识了俄国许多著名的植物学家，并成为圣彼得堡自然科学家协会的会员。1902年茨卫特移居波兰华沙，在华沙大学取得授课资格，并担任了植物学讲师。1910年，茨卫特在华沙大学通过博士论文《植物界和动物界的色素》的答辩，再次获得博士学位。在华沙的十四年，茨卫特对叶绿素进行了广泛深入的研究，并创立了20世纪最重要的分离提纯方法——色

谱法。

　　1915年，德国军队占领华沙，茨卫特撤往莫斯科。在战争的艰难条件下，他主持植物系的教学和实验室工作，但他的健康状况每况愈下。1919年6月，茨卫特因病逝世，终年四十七岁。

　　茨卫特是色谱技术的创始人，而色谱技术是现代科学和技术领域中最重要、最有效的分离提纯手段之一。

　　在叶绿素的研究中，茨卫特观察到石油醚极易溶解离析态的叶绿素和相关的色素，却不能从植物叶中直接提取出这些色素，而乙醇溶剂则很容易直接提取出植物叶中的色素。他认为这种现象很可能是由于植物组织的分子力的干扰，即石油醚对色素溶解力小于植物组织的吸附力，而吸附力能被某些其他溶剂如乙醇所抵消。为了验证自己的推测，茨卫特用含有纤维素的滤纸进行了模拟实验。沾有色素的滤纸在溶液中所表现出的性质与原来绿色植物叶完全一样，石油醚从滤纸上可提取出胡萝卜素而不能提取出叶绿素，而在石油醚中加入少量乙醇，则能提取出所有色素，从滤纸和溶液的颜色变化很容易观察到这种现象。茨卫特据此认识到，对这一问题进行系统的研究，"将会阐明吸附的本质，并有可能建立一种以吸附为基础的分离物质的新方法"。

　　由于茨卫特的论文大都发表在不大知名的期刊上，他的研究成果并未引起化学界的注意。直到二十多年后，瑞士的卡勒和卢齐卡以及德国的库恩，利用茨卫特色谱法分离技术在天然有机化合物的研究中取得丰硕成果并获得诺贝尔化学奖时，这项重要且有效的分离方法才得到化学界的普遍公认。遗憾的是，茨卫特英年早逝，已经看不到这一天，也失去了获得诺贝尔化学奖的机会。

附录二 118种化学元素发现一览

原子序数	元素符号	元素名称	发现年代	发 现 者
1	H	氢	1766	英国卡文迪许(1731—1810)发现
2	He	氦	1868	法国詹森(Pierre Janssen，1824—1907)和英国诺曼·洛克耶(Joseph Norman Lockyer，1836—1920)利用太阳光谱发现
3	Li	锂	1817	瑞典阿弗韦森(Johan August Arfvedson，1792—1841)在分析叶长石时发现
4	Be	铍	1798	法国沃克兰(Vauquelin Niclas Louis，1763—1829)在分析绿柱石时发现
5	B	硼	1808	法国盖-吕萨克(Joseph Louis Gay-Lussac，1778—1850)与路易士·泰纳尔(Louis Jacques Thenard，1777—1857)合作发现。英国戴维同年发现
6	C	碳	古代	1789年，法国拉瓦锡首次将碳编制在元素表中
7	N	氮	1772	1772年舍勒发现，法国拉瓦锡确定其是一种元素
8	O	氧	1771	英国普利斯特里和瑞典舍勒几乎同时发现
9	F	氟	1886	18世纪中后期化学家已知道氢氟酸中存在一种未知元素。1886年法国亨利·莫瓦桑(Henri Moissan，1852—1907)用电解法制得氟气
10	Ne	氖	1898	英国威廉·拉姆赛(William Ramsay，1852—1916)和瑞利(原名约翰·威廉·斯特拉特John William Strutt，1842—1919)发现
11	Na	钠	1807	英国戴维发现并用电解法制得

（续）

原子序数	元素符号	元素名称	发现年代	发 现 者
12	Mg	镁	1808	英国戴维发现并用电解法制得
13	Al	铝	1825	1825 年，丹麦奥斯特(Hams christian Ørsted，1777—1851)用稀的钾汞齐与氯化铝反应第一次分离出不纯的金属铝。1855 年，法国德维尔(Sainte-Claire Deville，1818—1881)用钠代替钾还原氯化铝，制得铝锭
14	Si	硅	1823	瑞典贝采利乌斯(Jöns Jakob Berzelius，1779—1848)发现
15	P	磷	1669	德国炼金术士亨尼格·布兰德(Henning Brand)通过蒸发尿液发现
16	S	硫	古代	法国拉瓦锡确定它为一种元素
17	Cl	氯	1774	瑞典舍勒发现氯气，1810 年英国戴维确认其是一种元素
18	Ar	氩	1894	英国瑞利和拉姆赛发现
19	K	钾	1807	英国化学家戴维发现并用电解法制得
20	Ca	钙	1808	英国化学家戴维发现并用电解法制得
21	Sc	钪	1879	瑞典尼尔森(L.F.Nilson，1840—1899)发现
22	Ti	钛	1791	英国格雷戈尔(Reverend William Gregor，1762—1817)从矿石中发现
23	V	钒	1831	瑞典塞夫斯特伦(N.G. Sefstrom，1787—1845)研究黄铅矿时发现。1869 年英国罗斯科(H.E. Roscoe，1833—1915)首次制得金属钒
24	Cr	铬	1797	法国沃克兰在分析铬铅矿时发现
25	Mn	锰	1774	瑞典舍勒从软锰矿中发现
26	Fe	铁	古代	公元前 1500 年埃及人已有炼铁业
27	Co	钴	1735	瑞典格·布兰特(G.Brandt)从辉钴矿中分离出纯度较高的金属钴
28	Ni	镍	古代	1751 年，瑞典矿物学家克朗斯塔特(Alex Fredrik Cronstedt，1722—1765)确认它是一种元素并分离出金属镍

原子序数	元素符号	元素名称	发现年代	发现者
29	Cu	铜	古代	约公元前 5000 年埃及人已使用自然铜
30	Zn	锌	古代	13 世纪，印度人已能冶炼纯锌
31	Ga	镓	1875	法国布瓦博德朗(Lecoq de Boisbaudran，1838—1912)研究闪锌矿时发现
32	Ge	锗	1885	1871 年门捷列夫根据元素周期表预言这种元素的存在。1885 年德国温克勒(Clemens Alexander Winkler，1838—1904)发现。
33	As	砷	317	约公元 317 年，中国人葛洪(284—364)从雄黄、松脂、硝石的合炼制得。法国拉瓦锡确认其为一种新元素
34	Se	硒	1817	瑞典贝采利乌斯发现
35	Br	溴	1824	法国波拉德(Antoine Jerome Balard，1802—1876)发现
36	Kr	氪	1898	英国威廉·拉姆赛和瑞利发现
37	Rb	铷	1860	德国本生(Robert Wilhelm Bunsen，1811—1899)与基尔霍夫(Gustav Robert Kirchhoff，1824—1887)利用光谱分析发现
38	Sr	锶	1808	英国化学家戴维发现并用电解法制得
39	Y	钇	1789	芬兰加多林(J. Gadolin，1760—1852)发现。是第一种被发现的稀土元素
40	Zr	锆	1789	德国克拉普罗特(M. H. Klaproth，1743—1817)在锆石中发现
41	Nb	铌	1801	英国哈契特(C. Hatchett，1765—1847)发现
42	Mo	钼	1778	瑞典舍勒发现，1883 年瑞典埃尔姆(P. J. Hjelm，1746—1813)最早制得
43	Tc	锝	1937	1937 年，美国劳伦斯(Ernest Orlando Lawrence，1901—1958)用回旋加速器首次获得，由意大利佩里埃(C.Perrier)和塞格雷(E.G.Segré)确定。是第一个人工制造的元素

（续）

原子序数	元素符号	元素名称	发现年代	发 现 者
44	Ru	钌	1827	1827 年，俄国奥桑在铂矿中首先发现。1844 年俄国克劳斯(K. K. Klaus，1796—1864)在乌金矿中发现并确认为一种新元素
45	Rh	铑	1803	英国武拉斯顿(W. H. Wollaston，1766—1828)从粗铂中发现并分离
46	Pd	钯	1803	英国武拉斯顿从粗铂中发现并分离
47	Ag	银	古代	公元前 4000—前 3000 年埃及人已使用银
48	Cd	镉	1817	德国施特罗迈尔(F. Stromeyer，1776—1835)从碳酸锌中发现
49	In	铟	1863	德国赖希(F. Reich，1799—1882)和里希特(H.T. Reichter，1824—1898)利用光谱分析发现
50	Sn	锡	古代	约公元前 2500 年古人已使用
51	Sb	锑	古代	古人已使用。1450 年德国索尔德发现
52	Te	碲	1782	奥地利赖兴施泰因(F.J.Müller von Reichenstein，1740—1825)在含金矿石中发现
53	I	碘	1814	法国库尔特瓦(J. B. Courtois，1777—1838)发现。后由英国戴维和法国盖-吕萨克研究确认为一种新元素
54	Xe	氙	1898	英国威廉·拉姆赛和瑞利发现
55	Cs	铯	1860	德国本生与基尔霍夫利用光谱分析发现
56	Ba	钡	1808	英国戴维发现并制得
57	La	镧	1839	瑞典莫桑德尔(C. G. Mosander，1797—1858)从粗硝酸铈中发现
58	Ce	铈	1803	德国克拉普罗特、瑞典贝采利乌斯分别发现
59	Pr	镨	1885	奥地利威斯巴赫((B. A. von Weisbach，1858—1929)从镨钕混和物中分离出玫瑰红的钕盐和绿色的镨盐而发现

原子序数	元素符号	元素名称	发现年代	发 现 者
60	Nd	钕	1885	奥地利威斯巴赫从镨钕混和物中分离出玫瑰红的钕盐和绿色的镨盐而发现
61	Pm	钷	1945	美国马林茨基(J. A. Marinsky)、格伦丹宁(L. E. Glendenin)和科里尔(C.E.Coryell)从原子反应堆铀裂变产物中发现并分离出
62	Sm	钐	1879	法国布瓦博德朗发现
63	Eu	铕	1896	法国德马尔盖(E. A. Demaroay，1852—1904)发现
64	Gd	钆	1880	1880 年，瑞士马里尼亚克(J.C. G. Marignac，1817—1894)从萨马尔斯克矿石中发现。1886 年，法国布瓦博德朗制出纯净的钆
65	Tb	铽	1843	瑞典莫桑德尔发现。1877 年正式命名
66	Dy	镝	1886	法国布瓦博德朗发现。1906 年法国乌尔班(Georges Urbain，1872—1938)制得较纯净的镝
67	Ho	钬	1879	1878 年，瑞典化学家J.L.索里特从铒土光谱中发现钬的存在。1879 年，瑞典克利夫(P. T. Cleve，1840—1905)从铒土中分离出钬
68	Er	铒	1843	瑞典莫桑德尔用分级沉淀法从钇土中发现
69	Tm	铥	1879	瑞典克利夫从铒土中发现并分离出铥
70	Yb	镱	1878	瑞士马里尼亚克发现
71	Lu	镥	1907	法国乌尔班从镱土中发现
72	Hf	铪	1923	瑞典赫维西(G. von Hevesey)和荷兰特科斯特(Dirk Coster)发现。1925 年两人用含氟络盐分级结晶的方法得到纯铪盐，并用金属钠还原，得到纯金属铪
73	Ta	钽	1802	1802 年，瑞典埃克伯格(A. G. Ekaberg，1767—1813)发现。1903 年德国 W.博尔顿(Werner von Bolton)制得纯钽金属

（续）

原子序数	元素符号	元素名称	发现年代	发 现 者
74	W	钨	1781	瑞典舍勒分解钨酸时发现
75	Re	铼	1925	俄国门捷列夫曾利用元素周期表预测这一元素的存在。德国诺达克(W. Noddack)夫妇从铂矿中发现
76	Os	锇	1803	英国坦南特(S. Tennant，1761—1815)等人发现
77	Ir	铱	1803	英国坦南特等人发现
78	Pt	铂	1735	1735 年，西班牙乌洛阿(D. A. de Ulloa，1716—1795)在平托河金矿中发现。1748 年英国 W.沃森确认其是一种新元素
79	Au	金	古代	公元前 3000 年埃及人已开始采集黄金
80	Hg	汞	古代	在埃及古墓中发现公元前 1500 年的汞
81	Tl	铊	1861	英国克鲁克斯(W. Crookes，1832—1919)利用光谱分析发现
82	Pb	铅	古代	公元前 3000 年，人类已开始从矿石中熔炼铅
83	Bi	铋	1450	德国 B.瓦伦丁发现。1737 年由法国埃洛(J. Hellot)和日夫鲁瓦(C. J. Geoffroy)制得
84	Po	钋	1898	法国居里夫人(Marie Curie，1867—1934)发现
85	At	砹	1940	美国科森(D. R. Corson)等人使用回旋加速器用 α-粒子轰击铋靶发现并获得
86	Rn	氡	1903	1899 年欧文斯(R. B. Owans)和卢瑟福(Ernest Rutherford, 1871—1937)在研究钍的放射性时发现。英国威廉·拉姆赛将其命名为氡
87	Fr	钫	1939	法国佩丽(M. M. Perey)提纯锕时意外发现
88	Ra	镭	1898	法国化学家皮埃尔.居里(Pierre Curie，1859—1906)夫妇发现。1910 年居里夫人制得第一块金属镭
89	Ac	锕	1899	法国德比埃尔(A. L. Debierne，1874—1949)从铀矿渣中发现并分离获得

原子序数	元素符号	元素名称	发现年代	发 现 者
90	Th	钍	1828	瑞典贝采利乌斯发现
91	Pa	镤	1913	美国化学家法扬斯(K. Fajans)发现短半衰期的镤 234
92	U	铀	1789	德国克拉普罗特发现。1842 年人们制得金属铀
93	Np	镎	1940	美国艾贝尔森(Philip Hauge Abelson)和麦克米伦(E. M. McMillan，1907—1991)等用人工核反应制得
94	Pu	钚	1940	美国西博格(G. T. Seaborg，1912—1999)和麦克米伦等使用回旋加速器用氘核轰击铀时发现钚 238
95	Am	镅	1944	美国西博格和吉奥索(A.Albert Ghiorso，1915—2010)等用质子轰击钚原子制得镅 241
96	Cm	锔	1944	美国西博格和吉奥索等用α-粒子轰击钚 239 发现锔 242
97	Bk	锫	1949	美国西博格和吉奥索等用α-粒子轰击镅 241 时发现锫 243
98	Cf	锎	1950	美国西博格和吉奥索等用α-粒子轰击锔 242 时发现锎 245
99	Es	锿	1952	美国吉奥索等观测氢弹爆炸试验产生的原子"碎片"时发现并提取
100	Fm	镄	1952	美国吉奥索等观测氢弹爆炸试验产生的原子"碎片"时发现并提取
101	Md	钔	1955	美国吉奥索等在加速器中用氦核轰击锿获得
102	No	锘	1958	斯德哥尔摩诺贝尔研究所用碳离子轰击锔 244 和锔 246 混合物，制备出锘 254
103	Lr	铹	1961	美国加利福尼亚大学科学家以硼原子轰击锎制得
104	Rf	𬬻	1964	俄国弗廖洛夫和美国吉奥索各自领导的科学小组分别人工制得
105	Db	𬭊	1967	俄罗斯杜布纳(Dubna)联合核研究所、美国加州大学伯克利分校和劳伦斯伯克利国家实验室分别发现
106	Sg	𬭳	1974	美国加州大学伯克利分校吉奥索团队发现

（续）

原子序数	元素符号	元素名称	发现年代	发 现 者
107	Bh	𨨏	1981	俄罗斯杜布纳联合核研究所发现
108	Hs	𨭆	1984	德国达姆施塔特重离子研究协会(GSI)发现。
109	Mt	䥑	1982	德国达姆施塔特重离子研究协会发现
110	Ds	𫟼	1994	德国达姆施塔特重离子研究协会发现
111	Rg	𬬭	1994	德国达姆施塔特重离子研究协会西格·霍夫曼(Sigurd Hofmann)和维克托·尼诺夫(Victor Ninov)团队首先发现
112	Cn	鿔	1996	德国达姆施塔特重离子研究协会西格·霍夫曼和维克托·尼诺夫团队首先发现
113	Nh	鉨	2004	日本理化学研究所以及俄罗斯、美国的研究团队分别发现，2015 年由日本命名
114	Fl	𫓧	2000	俄罗斯杜布纳联合核研究所、美国劳伦斯利弗莫尔国家实验室 (Lawrence Livermore National Laboratory)分别发现
115	Mc	镆	2004	杜布纳联合核研究所和劳伦斯利弗莫尔国家实验室联合组成的科学团队成功合成
116	Lv	𫟷	2000	俄罗斯杜布纳联合核研究所和美国劳伦斯利弗莫尔国家实验室合作合成
117	Ts	鿬	2010	美国劳伦斯利弗莫尔国家实验室、橡树岭国家实验室 (Oak Ridge Nationl Laboratory)和俄罗斯布纳联合核研究所共同合成
118	Og	鿫	2016	美国劳伦斯利弗莫尔国家实验室与俄罗斯杜布纳联合核研究所联手合成，2016 年确认

　　化学元素是具有相同核电荷数（即质子数）的一类原子的总称。同种元素可以存在不同的原子（同位素原子），这些原子的原子核内具有相同数目的质子，不同元素的原子中质子数不同。截至 2019 年，已发现一百一十八种元素，其中绝大多数存在于自然界。原子序数大于 83 的元素稳定性差，伴有放射衰变。目前，人们在自然界发现和人工合成的物质已超过一亿种，正是这一百多种元素构成了这上亿种物质。

附录三 1901—2019 年诺贝尔化学奖一览

年代	获奖者	国籍	获奖原因
1901	范托夫 (Jacobus Hendricus Van't Hoff, 1852—1911)	荷兰	发现化学动力学法则和渗透压法则
1902	埃米尔·费歇尔 (Emil Fischer, 1852—1919)	德国	合成糖类和嘌呤衍生物
1903	阿累尼乌斯 (Svante August Arrhenius, 1859—1927)	瑞典	创立电离理论
1904	威廉·拉姆赛 (William Ramsay, 1852—1916)	英国	发现惰性气体元素，并确定它们在元素周期表中的位置
1905	阿道夫·冯·贝耶尔 (Asolf von Baeyer, 1835—1917)	德国	研究有机染料和氢化芳香族化合物
1906	亨利·莫瓦桑 (Henri Moissan, 1852—1907)	法国	发现氟元素分析法，发明高温反射电炉
1907	毕希纳 (Eduard Buchner, 1860—1917)	德国	发现无细胞发酵
1908	卢瑟福 (Ernest Rutherford, 1871—1937)	英国	研究元素衰变和放射化学理论
1909	威廉·奥斯特瓦尔德 (F.Wilhelm Ostwald, 1853—1932)	德国	研究催化、化学平衡条件和化学反应动力学
1910	奥托·瓦拉赫 (Otto Wallach, 1847—1931)	德国	脂环族化合作用方面的开创性工作
1911	玛丽·居里 (Marie Curie, 1867—1934)	法国	发现镭和钋，分离出镭并研究镭及化合物的性质

（续）

年代	获奖者	国籍	获奖原因
1912	维克多·格林尼亚 (Victor Grignard，1871—1935)	法国	发明格林尼亚试剂
	保罗·萨巴蒂埃 (Paul Sabatie，1854—1941)	法国	发现有机化合物催化脱氢法
1913	阿尔弗雷德·维尔纳 (Alfred Werner，1866—1919)	瑞士	研究分子中原子的键合，创立配位化学
1914	西奥多·威廉·理查兹 (Theodore William Richards，1868—1928)	美国	精确测定多种元素的原子量
1915	理查德·威尔斯泰特 (Richard Wellstate，1872—1942)	德国	研究植物的颜色，特别是叶绿素方面的开创性工作
1916			因第一次世界大战未评奖
1917			因第一次世界大战未评奖
1918	哈伯 (Fritz Haber，1868—1934)	德国	用氮和氢合成氨
1919			未颁奖
1920	瓦尔特·赫尔曼·能斯特 (Walther Hermann Nernst，1864—1941)	德国	发现热力学第三定律，提出溶压理论、溶度积理论
1921	弗雷德里克·索迪 (Frederick Soddy，1877—1956)	英国	研究放射性物质、同位素的存在及性质
1922	弗朗西斯·威廉·阿斯顿 (Francis Willian Aston，1877—1945)	英国	发明质谱仪，并利用质谱仪发现多种非放射性元素同位素，发现整数规则
1923	弗里茨·普雷格尔 (Fritz Pregl，1869—1930)	奥地利	发现有机化合物的微量分析法，创立微量化学
1924			未颁奖

年代	获奖者	国籍	获奖原因
1925	理查德·席格蒙迪 (Richard Zsigmondy，1865—1929)	德国	阐明胶体溶液的多相性质，发明超显微镜，在胶体化学领域做出突破性的贡献
1926	西奥多·斯韦德贝里 (Theodor Svedberg，1884—1971)	瑞典	发明高速离心机，并用于高分散胶体物质的研究
1927	维兰德 (Heinrich Otto Wieland，1877—1957)	德国	发现胆汁酸及其化学结构
1928	阿道夫·温道斯 (Adolf Otto Reinhold Windaus，1876—1959)	德国	研究甾醇类的结构及其与维生素的关系，发现维生素D
1929	阿瑟·哈登 (Arthur Harden，1865—1940) 奥伊勒-切尔平 (Hans Karl August Simon von Euler-Chelpin，1873—1964)	英国 瑞典	对糖类的发酵以及在发酵机理上做出的重大贡献
1930	汉斯·费歇尔 (Hans Fischer，1881—1945)	德国	研究血红素和绿叶素，完成人造血红素的研制
1931	卡尔·博施 (Carl Bosch，1874—1940) 弗里镕里希·柏吉斯 (Friedrich Bergius，1884—1949)	德国 德国	研究高压化学合成技术，对改革合成氨工业体系做出重大贡献
1932	欧文·兰茂尔 (Irving Langmuir，1881—1957)	美国	发现并研究表面化学
1933			未颁奖
1934	哈罗德·克荣顿·尤里 (Harold Clayton Urey，1893—1981)	美国	发现重水及重氢同位素氘

（续）

年代	获奖者	国籍	获奖原因
1935	弗雷德里克·约里奥-居里 (Frderic Joliot-Curie, 1900—1958)	法国	发现人工放射性元素, 并合成新的放射性核素
	伊雷娜·约里奥-居里 (Irene Joliot-Curie, 1897—1956)	法国	
1936	德拜 (Peter Joseph Wilhelm Debye, 1884—1966)	美国	利用偶极矩和X射线衍射法研究分子结构
1937	霍沃斯 (Walter Norman Haworth, 1883—1950)	英国	在碳水化合物方面的研究并合成维生素C
	保罗·卡勒 (Paul Karrer, 1889—1971)	瑞士	
1938	理查德·库恩 (Richard Kuhn, 1900—1967)	德国	研究类胡萝卜素并合成多种维生素
1939	阿道夫·布特南特 (Adotf Butenandt, 1903—1995)	德国	对性激素研究方面的卓越贡献及对聚亚甲基多碳原子大环和高萜烯的研究
	利奥波德·卢齐卡 (Leopold Ruzicka, 1887—1976)	瑞士	
1940			因第二次世界大战未评奖
1941			因第二次世界大战未评奖
1942			因第二次世界大战未评奖
1943	赫维西 (George Charles de Hevesy, 1885—1966)	瑞典	在研究化学和物理变化中首创应用放射性同位素示踪技术
1944	奥托·哈恩 (Otto Hahn, 1879—1968)	德国	发现重核裂变反应
1945	魏尔塔南 (Artturi llmari Virtanen, 1895—1973)	芬兰	发明饲料贮藏保鲜法及在农业化学上的杰出贡献

166

年代	获奖者	国籍	获奖原因
1946	J.B.萨姆纳 (James Batcheller Sumner, 1887—1955)	美国	共同发现酶结晶，并分离提纯酶和病毒蛋白质
	J.H.诺思罗普 (John Howard Nothrop, 1891—1987)	美国	
	W. M.斯坦利 (Wendell Meredith Stanley, 1904—1971)	美国	
1947	罗伯特·鲁宾孙 (Robert Robinson, 1886—1975)	英国	研究生物碱及其他重要植物产物
1948	阿纳·蒂塞利乌斯 (Arne Wilhelm Kaurin Tiselius, 1902—1971)	瑞典	对电泳现象和吸附作用的分析，发现血清蛋白的复杂性质
1949	威廉·弗朗西斯·吉奥克 (William Francis Giauque, 1895—1982)	美国	研究物质在接近绝对零度时表现出的性质
1950	奥托·狄尔斯 (Otto Paul Hermann Diels, 1876—1954)	德国	合作发明有机化学双烯合成反应
	库特·阿尔德 (Kurt Alder, 1902—1958)	德国	
1951	埃德温·马蒂森·麦克米伦 (Edwin Mattison McMillan, 1907—1991)	美国	合作研究发现超铀元素
	格伦·西奥多·西博格 (Glenn Theodore Seaborg, 1912—1999)	美国	
1952	阿彻·约翰·波特·马丁 (Archer John Porter Martin, 1910—2002)	英国	对色谱的研究，合作发明分溶层析法
	理查德·劳伦斯·米林顿·辛格 (Richard Laurence Millington Synge 1914—1994)	英国	

（续）

年代	获奖者	国籍	获奖原因
1953	赫尔曼·施陶丁格 (Hermann Staudinger，1881—1965)	德国	对环状高分子化合物的研究
1954	莱纳斯·卡尔·鲍林 (Linus Carl Pauling，1901—1994)	美国	研究化学键的本质并阐明复杂物质的本质(1962 年，鲍林再获诺贝尔和平奖)
1955	文森特.杜.维格诺德 (Vineent Du Vigneaud，1901—1978)	美国	含硫化合物的研究，首次合成多肽激素
1956	欣谢尔伍德 (Cyril Norman Hinshelwood，1897—1967) 谢苗诺夫 (Nikolai N. Semyonov，1896—1986)	英国 苏联	发现链式化学反应，建立链式反应的一般定量理论
1957	亚历山大·罗伯兹·托德 (Alexander Robertus Todd，1907—1997)	英国	对核苷酸和核苷辅酶的研究并首次合成出核苷酸单体
1958	弗雷德里克·桑格 (Frederick Sanger，1918—2013)	英国	发现胰岛素分子结构，并在脱氧核糖核酸(DNA)的顺序方面作出贡献(1980 年，桑格再度获得诺贝尔化学奖)
1959	海洛夫斯基 (Jaroslav Heyrovsk，1890—1967)	捷克斯洛伐克	创立并发展了极谱分析法
1960	威拉德·弗兰克·利比 (Willard Frank Libby，1908—1980)	美国	创立放射性碳素年代测定法
1961	梅尔文·埃利斯·卡尔文 (Melvin Ellis Calvin，1911—1997)	美国	研究二氧化碳通过光能和生物催化作用转变为碳水化合物的过程(卡尔文循环)
1962	约翰·考德里·肯德鲁 (John Cowdery Kendrew，1917—1997)	英国	合作发现血红蛋白和肌红蛋白的分子结构

年代	获奖者	国籍	获奖原因
1962	马克斯·费迪南·佩鲁茨(Max Ferdinand Perutz，1914—2002)	英国	合作发现血红蛋白和肌红蛋白的分子结构
1963	卡尔·齐格勒(Karl Ziegler，1898—1973) 居里奥·纳塔(Giulio Natta，1903—1979)	德国 意大利	对高分子聚合物的研究，发明聚乙烯催化剂(齐格勒-纳塔催化剂)
1964	多萝西·玛丽·克拉福特·霍奇金(Dorothy Mary Crowfoot Hodgkin，1910—1994)	英国	使用X射线衍射技术测定复杂晶体和大分子的空间结构
1965	罗伯特·伯恩斯·伍德沃德(Robert Bruns Woodward，1917—1979)	美国	在有机物人工合成方面的重大贡献
1966	罗伯持·桑德逊·马利肯(Robert Sanderson Mulliken，1896—1986)	美国	运用量子力学创立化学结构分子轨道理论，阐明分子的共价键本质和电子结构
1967	曼弗雷德·艾根(Manfred Eigen，1927—2019 年) 诺里什(Ronald George Wreyford Norrish，1897—1978) 乔治·波特(George Porter，1920—2002)	德国 英国 英国	发明了测定快速化学反应的技术
1968	拉斯·翁萨格(Lars Onsager，1903—1976)	美国	为不可逆过程热力学奠定基础
1969	德里克·哈罗德·理查德·巴顿(Derek Harold Richard Barton，1918—1998) 奥德·哈塞尔(Odd Hassel，1897—1981)	英国 挪威	提出并阐明三维构象分析理论，并将这些概念应用于化学

（续）

年代	获奖者	国籍	获奖原因
1970	卢伊斯弗德里科·勒卢瓦尔 (Luis Federico Leloir，1906—1987)	阿根廷	发现糖核苷酸及其在糖合成过程中的作用
1971	格哈德·赫兹伯格 (Gerbard Herzberg，1904—1999)	加拿大	研究原子与分子光谱学及分子结构
1972	克里斯蒂安·伯默尔·安芬森 (Christian Boehmer Anfinsen，1916—1995)	美国	共同奠定酶化学基础
	斯坦福·摩尔 (Stanford Moore，1913—1982)	美国	
	威廉·霍华德·斯坦 (William Howard Stein，1911—1980)	美国	
1973	恩斯特·奥托·费舍尔 (Ernst Otto Fisher，1918—2007)	德国	在有机金属化合物研究方面的贡献
	杰弗里·威尔金森 (Geoffrey Wilkinson，1921—1996)	英国	
1974	保罗·约翰·弗洛里 (Paul John Flory，1910—1985)	美国	在高分子化学领域，尤其在高分子物理性质与结构的研究方面的贡献
1975	约翰·沃卡普·康福思 (John Warcup Cornforth，1917—2013)	英国	在研究有机分子和酶催化反应的立体化学方面取得优异成果
	弗拉基米尔·普雷洛格 (Vladimir Prelog，1906—1998)	瑞士	
1976	小威廉·纳恩·利普斯科姆 (William Nunn Lipscomb，Jr.，1919—2011)	美国	测定硼烷分子三维空间结构
1977	普里戈金 (I.llya Prigogine，1917—2003)	比利时	创立热力学的耗散结构理论

年代	获奖者	国籍	获奖原因
1978	彼得·丹尼斯·米切尔(Peter Dennis Mitchell，1920—1992)	英国	对生物体内能量转换机理的研究，创立化学渗透理论
1979	赫伯特·布朗(Herbert Charles Brown，1912—2004) 格奥尔格·维蒂希(Georg Wittig，1897—1987)	美国 德国	共同研制新的有机合成法
1980	保罗·伯格(Paul Berg，1926年出生) 沃特·吉尔伯特(Walter Gilbert，1932年出生) 弗雷德里克·桑格(Frederick Sanger，1918—2013)	美国 美国 英国	对遗传控制及机理的研究，共同创立DNA结构的化学和生物分析法
1981	福井谦一(Fukui Kenichi，1918—1998) R.霍夫曼(Roald Hoffmann，1937年出生)	日本 英国	创立边缘轨道理论 提出分子轨道对称守恒理论
1982	A.克卢格(Aaron Klug，1926—2018)	英国	发明显微影像重组技术以及测定生物物质结构方面的贡献
1983	亨利·陶布(Henry Taube，1915—2005)	美国	阐明金属配位化合物电子转移机理
1984	罗伯特·布鲁斯·梅里菲尔德(Robert Bruce Merrifield，1921—2006)	美国	开发出制造肽和蛋白质的方法
1985	杰罗姆·卡尔勒(Jerome Karle，1918—2013) 赫伯特·豪普特曼(Herbert A. Hauptman，1917—2011)	美国 美国	开发应用X射线衍射确定物质晶体结构的直接计算法

(续)

年代	获奖者	国籍	获奖原因
1986	达德利·赫施巴赫 (Dudley Robert Herschbach，1932 年出生)	美国	研究化学反应体系在位能面运动过程的动力学
	李远哲 (Yuan-Tseh Lee，1936 年出生)	美籍华人	
	约翰·查尔斯·波拉尼 (John Charles Polanyi，1929 年出生)	加拿大	
1987	查尔斯·约翰·佩德森 (Charles John Pedersen，1904—1989)	美国	合成冠醚化合物
	唐纳德·克拉姆 (Donald James Cram，1919—2001)	美国	
	杰马里·莱恩 (Jean-Marie Lehn，1939 年出生)	法国	
1988	戴森霍费尔 (J. ohann Deisenhofer，1943 年出生)	德国	分析了光合作用反应中心的三维结构
	罗伯特·胡贝尔 (Robert Huber，1937 年出生)	德国	
	哈特穆特·米歇尔 (Hartmut Michel，1948 年出生)	德国	
1989	奥尔特曼 (Sidney Altman，1939 年出生)	美国	发现核糖核酸自身具有酶的生物催化功能
	T. R. 切赫 (Thomas R. Cech，1947 年出生)	美国	
1990	艾里亚斯·詹姆斯·科里 (Elias James Corey，1928 年出生)	美国	创建一种独特的有机合成理论——逆合成分析理论
1991	R.R.恩斯特 (Richard R.Ernst，1933 年出生)	瑞士	发明傅立叶变换核磁共振分光法和二维核磁共振技术
1992	鲁道夫·马库斯 (Rudolph A. Marcus，1923 年出生)	美国	创立溶液中的电子转移反应的马库斯理论

年代	获奖者	国籍	获奖原因
1993	K.B.穆利斯(Kary B.Mullis，1944 年出生)	美国	发明聚合酶链式反应法
	迈克尔·史密斯(Michael Smith，1932—2000	加拿大	发明寡聚核苷酸定点诱变技术
1994	乔治·安德鲁·欧拉(George Andrew Olah，1927 年出生)	美国	发现使碳阳离子保持稳定的方法及在碳正离子化学方面的研究
1995	保罗·约泽夫·克鲁岑(Paul Jozef Crutzen，1933 年出生)	德国	对大气化学的研究工作。阐述了臭氧层产生影响的化学机理，证明人造化学物质对臭氧层构成的破坏作用
	马里奥·莫利纳(Mario J. Molina，1943 年出生)	美国	
	弗兰克·舍伍德·罗兰(Frank Sherwood Rowland，1927—2012)	墨西哥	
1996	罗伯特·柯尔(Robert Curl，1933 年出生)	美国	发现碳元素的第三种晶体存在形式——富勒烯
	哈罗德·克罗托(Harold Kroto，1939—2016)	英国	
	理查德·埃利特·斯莫利(Richard Errett Smalley，1943—2005)	美国	
1997	保罗·波耶尔(Paul D. elos Boyer，1918—2018)	美国	发现人体细胞内负责储藏转移能量的离子传输酶
	约翰·沃克(John Ernest Walker，1941 年出生)	英国	
	延斯·克里斯蒂安·斯科(Jens Christian Skou，1918—2018)	丹麦	
1998	沃尔特·科恩(Walter Kohn，1923—2016)	美国	对量子化学密度泛函理论的研究
	约翰·安东尼·波普(John Anthony Pople，1925—2004)	英国	量子化学和计算化学方法的研究

（续）

年代	获奖者	国籍	获奖原因
1999	艾哈迈德·泽维尔 (AhmedH Zewail，1946 年出生)	美国	使用飞秒光学技术研究分子中原子的运动
2000	艾伦·黑格 (Alan J.Heeger，1936 年出生)	美国	对有机聚合导体技术的研究
	艾伦·G·马克迪尔米德 (Alan G. MacDiarmid，1827 年出生)	美国	
	白川英树 (Hideki Shirakawa，1936 年出生)	日本	
2001	巴里·夏普莱斯 (K. Barry Sharpless，1941 年出生)	美国	在不对称催化反应研究领域取得的突出贡献
	野依良治 (Ryoji Noyori，1938 年出生)	日本	
	威廉·斯坦迪什·诺尔斯 (William Standish Knowles，1917—2012)	美国	
2002	约翰·贝内特·芬恩 (John Bennett Fenn，1917—2010)	美国	对生物大分子的鉴定和结构分析方法的研究
	田中耕一 (Tanaka Koichi，1959 年出生)	日本	
	库尔特·维特里希 (Kurt Wüthrich，1938 年出生)	瑞士	
2003	彼得·阿格雷 (Peter Agre，1949 年出生)	美国	发现细胞膜水通道，以及对离子通道结构和机理的研究
	罗德里克·麦金农 (Roderick MacKinnon，1956 年出生)	美国	
2004	阿龙·切哈诺沃 (Aaron Ciechanover，1947 年出生)	以色列	发现泛素调节的蛋白质降解
	阿夫拉姆·赫什科 (Avram Hershko，1937 年出生)	以色列	
	欧文·罗斯 (Irwin Rose，1926—2015)	美国	

年代	获奖者	国籍	获奖原因
2005	伊夫·肖万 (Yves Chauvin, 1930 年出生)	法国	在有机化学的烯烃复分解反应研究方面的贡献
	罗伯特·格拉布 (Robert H. Grubbs，1942 年出生)	美国	
	理查德·施罗克 (richard R. Schrock, 1945 年出生)	美国	
2006	罗杰·大卫·科恩伯格 (Roger David Kornberg，1947 年出生)	美国	在真核转录的分子基础研究领域的贡献
2007	格哈德·埃特尔 (Gerhard Ertl, 1936 年出生)	德国	在固体表面化学研究领域中做出的贡献
2008	下村修 (Osamu Shimomura, 1928—2018)	日本	发现和开发绿色荧光蛋白质
	马丁·查尔菲 (Martin Chalfie, 1947 年出生)	美国	
	钱永健 (Roger Yonchien Tsien, 1952—2016)	美籍华人	
2009	文卡特拉曼·拉马克里希南 (Venkatraman Ramakrishnan, 1952 年出生)	美国	对核糖体结构和功能的研究
	托马斯·施泰茨 (Thomas A. Steitz，1940 年出生)	美国	
	阿达·约纳特 (Ada E. Yonath, 1939 年出生)	以色列	
2010	理查德·赫克 (Richard F. Heck, 1931—2015)	美国	对钯催化交叉偶联反应方面的研究
	根岸英一 (Eiich Negishi，1935 年出生)	日本	
	铃木章 (Akira Suzuki，1930 年出生)	日本	

（续）

年代	获奖者	国籍	获奖原因
2011	丹尼尔·舍特曼 (Daniel Shechtman，1941 年出生)	以色列	发现准晶体
2012	罗伯特·洛夫科维茨 (Robert J. Lefkowitz，1943 年出生) 布莱恩·克比尔卡 (Brian K.Kobilka，1955 年出生)	美国 美国	在 G 蛋白偶联受体方面做出突破性贡献
2013	马丁·卡普拉斯 (Martin Karplus，1930 年出生) 迈克尔·莱维特 (Michael Levitt，1947 年出生) 亚利耶·瓦谢尔 (Arieh Warshel，1940 年出生)	美国 美国 美国	为复杂化学体系设计了多尺度模型
2014	埃里克·本茨格 (Eric Betzig，1960 年出生) 史蒂芬·赫尔 (Stefan W. Hell，1962 年出生) 威廉·默尔纳 (William E. Moerner，1953 年出生)	美国 德国 美国	在超高分辨率荧光显微技术方面的贡献
2015	托马斯·林道尔 (Tomas Lindahl，1938 年出生) 保罗·莫德里奇 (Paul Modrich，1946 年出生) 阿奇兹·桑卡 (Aziz Sancar，1946 年出生)	瑞典 美国 美国	在 DNA 修复机制研究领域的贡献
2016	让-皮埃尔·索维奇 (Jean-Pierre Sauvage，1944 年出生) J·弗雷泽·斯托达特 (J. Fraser Stoddart，1942 年出生) 伯纳德·L·费林加 (Bernard L. Feringa，1951 年出生)	法国 美国 荷兰	在分子机器设计与合成领域的贡献

年代	获奖者	国籍	获奖原因
2017	雅克·杜本内(Jacques Dubochet，1973年出生)	瑞士	开发对生物分子进行高分辨率结构测定的低温电子显微镜
2017	乔基姆·弗兰克(Joachim Frank，1970年出生) 查德·亨德森(Richard Henderson，1945年出生)	美国 英国	开发对生物分子进行高分辨率结构测定的低温电子显微镜
2018	弗朗西斯·阿诺德(Frances H. Arnold，1956年出生) 格雷戈里·温特(Gregory P. Winter，1951年出生) 乔治·史密斯(George P. Smith，1941年出生)	美国 英国 美国	在酶的定向演化以及用于多肽和抗体的噬菌体展示技术方面的贡献
2019	约翰·古迪纳夫(John B. Goodenough，1922年出生) 斯坦利·惠廷厄姆(Stanley Whittingham，1941年出生) 吉野彰(Akira Yoshino，1948年出生)	美国 美国 日本	在锂离子电池研发领域的贡献

　　自1901年至2019年，诺贝尔化学奖共颁发一百一十一次。因受"二战"影响和秉持"宁缺毋滥"的原则，其中八年没有颁发化学奖。

　　截至2019年，共有一百八十三人次获得诺贝尔化学奖，其中有五名女性。英国生物化学家弗雷德里克·桑格曾两次获此殊荣。

图书在版编目（CIP）数据

课本中的化学家 / 王哲，王蒙，谢玉玲编写 . — 北京：农村读物出版社，2020.10
ISBN 978-7-5048-5795-8

Ⅰ . ①课… Ⅱ . ①王… ②王… ③谢… Ⅲ . ①化学家 – 生平事迹 – 世界 – 青少年读物 Ⅳ . ①K816.13-49

中国版本图书馆 CIP 数据核字 (2019) 第 067475 号

课本中的化学家
KEBENZHONG DE HUAXUEJIA

农村读物出版社 出版
CHINA RURAL READING PRESS
中国农业出版社
地址：北京市朝阳区麦子店街 18 号楼
邮编：100125
策划编辑：马春辉　　责任编辑：马春辉
版式设计：王 晨　　责任校对：吴丽婷
印刷：北京中兴印刷有限公司
版次：2020 年 11 月第 1 版
印次：2020 年 11 月北京第 1 次印刷
发行：新华书店北京发行所
开本：700mm × 1000mm　1/16
印张：12
字数：210 千字
定价：30.00 元